손재익 목사님의 『분쟁하는 성도, 화평케 하는 복음』의 출간을 환영합니다. 저는 이 책을 읽으면서 우리 시대 교회를 위해 꼭 필요한 책이라는 생각이 들었습니다. 특히 고신교회에 속한 목회자나 성도들이 반드시 읽어야 할 책이라고 생각합니다. 이 책을 통해 1950년대에서 1970년대에 이르는 우리의 아픈 역사를 반추하고 성찰할 수 있는 안내 혹은 지침을 얻을 수 있기 때문입니다.

이 책 제목도 마음에 와닿지만 목차를 보면 아주 논리적이고 불신법정 소송 문제에 대해 바른 태도를 제시하되, 오늘의 현실에서 조망하고 있고 세상 법정에 송사하기보다는 불의를 당하는 것이 낫다는 점을 불의와 모욕과 희롱을 당하신 예수님의 경우를 사례로 제시하면서 우리가 해야 할 싸움은 세상 법정에서의 송사가 아니라는 점을 말하고 있습니다.

이 책은 주일 교회 강단에서 선포한 설교에 기초하고 있지만 내용이 충실하고 가볍지 않습니다. 그렇다고 해서 난해하거나 지루하지도 않습니다. 성도 간의 다툼이나 법정 소송의 문제를 안고 씨름하는 오늘의 한국교회 현실에서 교회나 성도가 취해야 할 마땅한 지침을 제시하고 있다는 점에서 이 책은 소중한 가치를 지닌다고 봅니다.

무엇보다도 신자 간의 소송 문제를 성경신학적으로 검토하고 있습니다. 저도 이런 문제에 관심을 가지고 연구하고 "고신교회의 법정 소송 문제"라는 긴 논문을 발표한 바 있습니다. 고신교회에서 소송 문제가 어떻게 논의되어 왔고 그것이 고신교회에 어떤 영향과 결과를 초래했는가를 제시했습니다만, 다른 누군가를 통해 소송 문제에 대한 성경신학적 석명(釋明)이 있었으면 하는 기대를 가지고 있었습니다. 손재익 목사님의 이 책은 이러한 우리들의 기대를 충족시켜 주는 시의적절한 저술이라고 생각합니다.

저는 손재익 목사님을 개인적으로 깊이 알지는 못합니다만, 그의 글을 신뢰하고 애독합니다. 그의 글은 논리적으로 선명하고 다양한 정보를 포함하고 있을 뿐만 아니라 사안을 다루는 기예(技藝)가 독자를 유혹하는 힘이 있습니다. 특히 개혁신학 정통에 굳게 서 있습니다. 이런 점에서 그는 한국교회를 위해 기여했고 또 앞으로도 기여할 것으로 확신합니다.

이 책 내용에 대해서는 의견을 달리하는 이가 있을 수 있다고 생각합니다. 인물이나 역사적 사건에 대한 인식에도 견해를 달리할 수 있다고 생각합니다. 그럼에도 불구하고 이 책은 다툼과 분쟁, 살기 어린 결투장이 되어 버린 오늘의 한국교회에 화평의 복음을 회복시켜 줄 것으로 확신합니다.

이상규_ 전 고신대학교 교수, 현 백석대학교 기독교전문대학원 석좌교수

'소 잃고 외양간 고친다'는 말이 있습니다. 소를 잃기 전에 외양간을 고치는 것이 마땅하지만, 소를 잃고 난 이후에도 외양간을 고치지 않는다면 이는 심각한 문제입니다. 오늘날 각각의 지역교회는 온갖 갈등으로 몸살을 앓고 있습니다. 무엇보다 문제는 갈등의 양상이 세속적이며, 교회가 갈등을 해결하는 방법 또한 세속적이라는 점입니다. 교회 내의 갈등이 있다 한들 이를 바라보고 해결하는 방책은 성경적이어야 하지 않을까요? 손재익 목사님의 『분쟁하는 성도, 화평케 하는 복음』은 교회가, 또한 신자가 본래 갈등을 대하는 성경적 원칙이 무엇인지 명확하게 짚고 있습니다. 그의 논증과 필체에는 군더더기가 없습니다. 말끔하고 직선적입니다. 특별히 2-4장까지의 내용은 각 지역교회가 직분자를 세우면서 함께 짚어보고 대화를 나눌만한 내용을 담고 있습니다. 직분자라면 교단헌법과 성경이 말하는 교회에 대한 이해를 숙고할 필요가 있습니다. 또한 교회 내의 다툼에 대해서도 옳고/그름의 잣대보다는 화평을 염두에 두고 접근할 필요가 있습니다. 물론 인용되는 사례는 논쟁적입니다. 해당 사례가 지극히 현실에 기초하고 있기 때문입니다. 오히려 논쟁적 사례를 충분히 숙고하면서 교회가 함께 나아가야 할 원칙에 대해 숙고해 본다면 어떨까요? 교회 내의 다툼이 만연한 시대입니다. 소를 잃어버리는 외양간이 많은 시대입니다. 본서는 소를 잃었을 때에 되찾는 방법에 대해 말하진 않습니다. 다만 본래 외양간을 어떻게 보수해야 했는지에 대해 다룹니다. 교회 내에 다툼이 만연한 시대에 교회의 본령에 대해 숙고해보는 것은 어떨까요? 분쟁하는 교회로 가득찬 이 세상 속에서 뚜렷하고도 명료한 필치로 복음의 본 가치인 화평에 대해 다룬 책입니다. 함께 교회에 대해, 신자에 대해, 복음에 대해 생각해 볼 이들에게 본서를 권합니다.

홍동우_ 주례 가나안교회 목사, 청년부·학생회 담당,
『교회답지 않아 다투는 우리』 저자

분쟁하는 성도
화평케 하는 복음

손재익

분쟁하는 성도
화평케 하는 복음

고린도전서 6장을 중심으로

성도 간 분쟁에 대한
성경의 가르침

지우

교회마다 화평의 복음(행 10:36)이
가득하기를 바라며

차례

출판사 서문

이 책을 시작하기 전 먼저 하고 싶은 얘기가 있습니다. 다툼이 넘치는 교회의 모습에 실망한 이들에게, 교회 내 분쟁 가운데 상처 입은 분들에게, 특별히 분쟁을 가장한 악의적 가해로 인해 고통당하신 모든 피해자들에게, 그리고 우리를 죽기까지 사랑하시며 화평의 본을 보이신 예수님께 전심으로 사죄합니다. 정말로 죄송합니다.

우리들이 과연 이 말을 내뱉을 자격조차 있는지 모르겠습니다. 진정으로 회개한다면, 그리고 또다시 범죄 할까 두렵다면, 차라리 죄를 짓게 할 눈과 손을 없애버리는 것이 나을 수 있습니다. 순종과 행함 없이 하나님의 말씀을 너무도 가벼이

담아내는 우리의 세 치 혀는 차라리 뽑혀 없어지는 게 나을지도 모릅니다. 그럼에도 부끄럽고 참담한 마음으로 이 책을 내어 놓습니다. 부디 이 책이, 서로 사랑하며 나보다 남을 낫게 여기고, 차라리 불의를 감내하는 것이 낫지 아니하냐는 예수님의 가르침을 따르지 못한 반성의 기록으로 읽히길 원합니다. 이 책을 작업하며 떠오른 생각들과 특별히 이 책을 읽으며 주의해야 할 신중함에 대해 조금 나누고자 합니다.

먼저는 표현의 신중함입니다. '성도 간의 분쟁'이란 표현을 쓰기 전, 과연 나를 성도라고 자신 있게 부를 수 있을지 자문해야 합니다. 그날에 내가 너희를 도무지 알지 못한다는 주님의 말씀이 나를 향한 것일 수 있음을 잊지 맙시다. 우린 그리스도의 공로로 인한 구원의 은혜를 늘 확신하며 감사하고 누려야 함과 동시에 항상 두렵고 떨림으로 우리의 구원을 이루어가야 합니다.

'교회 내의 다툼'이란 표현 역시 마찬가지입니다. 우리가 이미 잘못되어 촛대가 옮기어진, 그래서 교회가 아닌 곳이 되어버렸음에도 천국 열쇠의 권세를 함부로 운운하고 있지는 않는지 자문해야 합니다. 교회가 아닌 곳의 결정을 치리와 권징이라 말할 수 없습니다. 우리의 다툼이 교회도 성도도 아닌 이들 간의 다툼일 수 있음을 잊지 말아야 합니다.

다음은 해석의 신중함입니다. 해석은 늘 상호 보완되어야 하며 지엽적인 몇몇 표현보다 그 해석이 궁극적으로 지향하는 바를 염두에 두며 살펴야 합니다. 이 책이 다루는 고린도전서 6장의 말씀은 로마서 13장과 함께 살펴야 합니다. 분쟁의 성격과 범위나 세상 법정으로 가는 문제에 대해 이 책의 해석이 유일한 답은 아닙니다. 하지만 화목하라는 주님의 말씀을 따라야 하는 존재로서의 신자의 정체성을 지향하는 저자의 논지에 동의하지 않을 수 없습니다. 이점이 이 책의 전반적인 방향입니다.

권징의 문제도 마찬가지입니다. 마 18:15-17에 담긴 권면의 원칙은, 늘 노하기를 더디 하시며 오래 참고 기다리시는 하나님의 성품과 함께 고려되어야 합니다. 권면의 단계마다 신중하고 조심스러워야 하며, 각 과정의 시기를 결정할 때마다 늘 하나님의 오래 참으심과 그것이 우리의 구원이 되었음을 엄중히 기억해야 합니다. 권징을 공표하는 문제도 마찬가지입니다. 우리의 허물을 덮으시는 주님의 은혜를 기억할 때 과연 함부로 공표하는 것이 옳은지에 대해서 역시 늘 신중해야 합니다.

잘못을 지적하는 일과 상호간의 분쟁 역시 신중히 판단해야 합니다. 분연히 외쳐야 될 때와 다툼 간에 물러나야 될 때를 분별해야 합니다. 회개를 촉구하는 선지자들의 외침과 하나님의 성전이 타락함에 분노하신 예수님의 모습을 기억합니다. 반면에 눈은 눈으로, 이는 이로 갚는 율법의 원리를 선으로 악을 이기는 사랑의 원리로 새로이 선포하신 산상수훈의 말씀 또한 기억합니다. 성경이 어느 한 주장만을 뒷받침하는 근거가 될 수 없습니다. 하나님의 말씀을 선택적으로 사용해선 안 됩니다. 다르게 해석될 여지가 있음을 늘 겸손히 숙고해야 합니다.

태도의 신중함도 중요합니다. 비록 몇몇 사례에 대한 판단과 평가가 언급되긴 하지만, 되도록이면 판단하고 정죄하는 방식으로 이 책이 읽히지 않기를 바랍니다. 부지중에 분쟁을 유발하거나 분쟁을 빙자한 피해를 일으키고 있을지도 모를 나 자신을 향해 이 책의 내용을 적용해 주시길 부탁드립니다.

내 이익과 자존심을 내려놓지 못해서일 수 있고, 누군가의 변화와 아픔에 대한 공감의 부재가 다툼의 원인일 수 있습니다. 무심코 던진 몇 마디가 분쟁의 시작이 될 때도 있습니다. SNS 등으로 인해 무례한 언행이 함부로 오고 가는 시대입니다. 우리 모두 분쟁의 유발자요, 가해자이자 피해자가 될 수 있습니다. 사랑은 온유하고 무례히 행치 않는 신중한 태도입니다. 늘 나부터입니다. 내가 먼저임을 꼭 생각해 주시길 바랍니다.

마지막으로 적용의 신중함입니다. 범죄한 이들을 옹호하는 데 이 책의 논리가 궁색한 근거로 오용되지 않아야 합니다. 그것은 매우 잘못된 적용입니다. 그들이 일으킨 것은 상호간의 분쟁이 아닌 분란이요, 고쳐야 될 문제이자 지적받아 마땅한 잘못입니다. 분쟁의 가면 뒤로 숨은 이들의 회개를 강력히 촉구합니다.

　화평을 위해 양보하라는 권면을 타인에게는 단호히 적용하면서 나에게 적용하지 못한다면 이 책의 모든 메시지는 그 의미를 잃게 될 것입니다. 태도의 문제에서도 언급했지만, 적용의 우선순위는 항상 나 자신입니다. 신중함은 무엇보다 이 우선순위를 지키는 것에서 시작됨을 잊지 맙시다.

　원고를 수정하고 의견을 조율하는 과정과, 동일한 주제를 다른 관점으로 풀어낼 책의 이어진 출간을 열린 마음으로 수용해주신 저자의 배려로 이 책이 출간될 수 있었음을 밝힙니다. 이후에 나올 책을 통해 본인의 논지가 비평되고 발전되길 바라는 마음을 표해주셔서 더욱 감사드립니다. 이 책에 담긴 논의가 보다 진지하게 그리고 발전적으로 더 많은 곳에서 일어나길 진심으로 바랍니다.

지우

머리말

'신자와 신자가 다툴 때, 세상 법정에 소송하는 것이 옳은가?'
이 주제는 성경이 직접 다루는 내용입니다. 그럼에도 이 주제
에 대해 알지 못하거나, 알더라도 성경의 가르침보다는 현실
적인 고려와 유익을 따르는 게 일반적입니다.

그러다 보니 교회가 몸살을 앓고 있습니다. 신자와 신자 간
의 다툼이 늘어나고 교회의 분쟁으로 인해 교회가 세상으로
부터 손가락질을 당하고 있습니다. 소금과 빛이 되어야 할 교
회가 오히려 세상의 걱정거리가 되고 있습니다.

오늘날 많은 사람들에게 잊혀진 이 주제는 한국교회 역
사의 중요한 이슈였던 적이 있습니다. 1950년대 교회가 분열
하는 가운데 예배당이라는 '재산'을 누가 차지하느냐의 문제

를 두고 세상의 지혜를 구한 적이 있고, 1975년에는 이 주제로 인해 한 교단이 분열되기도 했습니다. 뿐만 아니라 오늘날에도 수많은 교회와 신자들이 이 문제와 직간접적으로 연결되어 있습니다. 그럼에도 이 문제의 답을 성경에서 찾기보다는 세상의 지혜와 기준을 따라 해결하려는 모습이 팽배합니다. 진리를 따르기 위해 손해를 감수하기보다는, 진리를 바꿔서라도 이익을 누리려고 합니다. 그러면서 저마다 이렇게 말합니다. '억울하다'

과연 성경은 어떻게 가르치고 있을까요? 성경의 가르침을 확인하기 위해서는 이 주제를 직접 다루고 있는 고린도전서 6:1-11을 바르게 알아야 합니다. 나아가 이 본문을 이해하기 위해서는 교회가 무엇인지, 신자가 누구인지, 목사와 장로로 구성된 당회와 노회 같은 치리회가 무엇인지, 교회와 세상이 어떻게 다른지, 교회법이 무엇인지, 신자는 왜 교회법을 중요하게 여겨야 하는지, 신자는 궁극적으로 어디에 속해 있는지에 대한 이해가 필요합니다.

이 작은 책은 이러한 관점을 통해 이 주제에 관한 해답을 찾고자 합니다. 이 책에 실린 글들은 제가 섬기고 있는 한길교회에서 2015년 11-12월에 걸쳐 주일 오전 예배 시간에 선포된 말씀에 기초합니다.

이 주제를 가지고 연속설교를 하게 된 계기는 2015년 9월 15일(화)-17일(목)에 있었던 제65회 대한예수교장로회 고신총회와 제65회 대한예수교장로회 고려총회의 통합입니다. 두 교단은 하나가 되었으나 1975년의 제25회 총회에서 분리되었던 경험이 있습니다. 그 이유는 '신자 간의 다툼이 있을 때 세상 법정에 소송하는 것이 옳은가?'라는 물음에 각기 다른 해석을 보였기 때문입니다. 이후 교단은 고소파와 반(反)고소파로 나뉘었습니다. 고소를 하는 것도 성경적이라고 보는 교단과 그것은 성경에 반한다고 보는 교단으로 나뉘었습니다.[1] 그러다 하나님의 섭리로 두 교단이 다시 하나가 되었습니다.

이제 40년 만에 두 교단이 하나 된 것을 기념하여 제가 속한 교회의 회중이 소속 교단의 중요한 이슈인 이 주제를 알기 원할 뿐만 아니라 성경의 가르침을 바르게 이해하기를 바라는 마음에서, 그리고 교단의 진정한 통합은 기구적 통합이 아닌 한 말씀 안에서의 하나 됨이 가장 중요하다는 사실 때문에 이 주제로 설교하게 되었습니다.

이 설교의 경우 한 주제로 몇 주 동안 선포할 연속설교를 계획했고, 주제의 특성상 탄탄한 연구와 논리가 중요하기에 오랜 기간 준비했고 많은 각주를 달았습니다. 각주를 보지 않

---

[1] 이후 반고소파로 갔던 교회 중에도 여러 가지 다른 사정으로 인해 고소파와 한 교단을 이루었던 교회들도 많고, 고소파 안에도 반고소가 성경적이라는 사람들이 많이 있었습니다.

고 본문만 읽는 것이 가장 편하시겠지만, 각주를 통해서도 유익을 얻으실 수 있기를 바랍니다.

생각 외로 이 주제에 대한 책을 찾아보기 어렵습니다. 구체적인 주제에 대해서 보다는 개론이나 평범한 주제만을 다루는 게 일반적인 한국교회의 출판 현실에서, 이러한 구체적이고도 실제적인 주제를 다루는 책들이 많아져서 더 좋은 논의들이 확장되기를 바라마지 않습니다. 이런 점에서 이 책을 출판하기로 결정해 준 도서출판 지우에 감사를 드립니다.

끝으로 시기, 질투, 분쟁, 반목, 갈등이 끊임없는 이 시대에 바울의 호소(차라리 불의를 당하는 것이 낫지 아니하며 차라리 속는 것이 낫지 아니하냐, 고전 6:7)를 기억하며, 이 작은 책을 통해 신자가 마땅히 살아야 할 바에 대해 고민해 볼 수 있기를 바랍니다.

어린 시절 주일학교 선생님께서 가르쳐 주신 '미움 다툼 시기 질투 버리고 우리 서로 사랑해'라는 찬양의 가사처럼 교회와 신자 사이의 모든 분쟁이 사라지고 서로 사랑하며 화평이 가득하기를 바랍니다. 이 땅 위의 모든 보편교회가 항상 화평을 이루되 혹 다툼이 있을 때 불의한 자들 앞에 고소하지 아니하고(고전 6:1) 성도가 세상을 판단할 것을 기억하며(고전

6:2) '억울'함을 비성경적인 방법으로 해소하려 하기보다 차라리 불의를 당하는 일이 있더라도(고전 6:7) 말씀의 가르침 위에 든든히 서기를 바랍니다. 우리가 믿는 복음은 화평의 복음입니다(행 10:36).

더 나아가 '신자 간의 문제를 세상 법정에 소송하는 것이 옳으냐 그르냐?'에 대한 정답만 찾기보다는 신자가 어떤 존재인지, 교회공동체가 지향해야 할 하나님의 의가 무엇인지, 교회의 머리이신 그리스도께서 교회를 다스리신다는 것이 어떤 의미인지도 이 책을 통해 함께 생각해 볼 수 있기를 바랍니다.

2023년 8월
그 누구보다 억울하셨으나
용서의 복음을 전하신 주님을 생각하며
손재익

1

신자 간의 다툼이 있을 때

(고전 6:1-11)

✚ 고린도전서 6:1-11

"(1)너희 중에 누가 다른 이와 더불어 다툼이 있는데 구태여 불의한 자들 앞에서 고발하고 성도 앞에서 하지 아니하느냐 (2)성도가 세상을 판단할 것을 너희가 알지 못하느냐 세상도 너희에게 판단을 받겠거든 지극히 작은 일 판단하기를 감당하지 못하겠느냐 (3)우리가 천사를 판단할 것을 너희가 알지 못하느냐 그러하거든 하물며 세상 일이랴 (4)그런즉 너희가 세상 사건이 있을 때에 교회에서 경히 여김을 받는 자들을 세우느냐 (5)내가 너희를 부끄럽게 하려 하여 이 말을 하노니 너희 가운데 그 형제간의 일을 판단할 만한 지혜 있는 자가 이같이 하나도 없느냐 (6)형제가 형제와 더불어 고발할 뿐더러 믿지 아니하는 자들 앞에서 하느냐 (7)너희가 피차 고발함으로 너희 가운데 이미 뚜렷한 허물이 있나니 차라리 불의를 당하는 것이 낫지 아니하며 차라리 속는 것이 낫지 아니하냐 (8)너희는 불의를 행하고 속이는구나 그는 너희 형제로다 (9)불의한 자가 하나님의 나라를 유업으로 받지 못할 줄을 알지 못하느냐 미혹을 받지 말라 음행하는 자나 우상 숭배하는 자나 간음하는 자나 탐색하는 자나 남색하는 자나 (10)도적이나 탐욕을 부리는 자나 술 취하는 자나 모욕하는 자나 속여 빼앗는 자들은 하나님의 나라를 유업으로 받지 못하리라 (11)너희 중에 이와 같은 자들이 있더니 주 예수 그리스도의 이름과 우리 하나님의 성령 안에서 씻음과 거룩함과 의롭다 하심을 받았느니라"

서론

고신과 고려의 역사적인 통합

2015년 9월 15일(화)−17일(목) 열린 제65회 대한예수교장로회 고신총회와 제65회 대한예수교장로회 고려총회에서는 한국 교회 역사 속에서 중요한 일로 기록될 결정이 있었습니다. 두 교단이 하나의 교단으로 통합된 일입니다.

교회 역사를 보면 교단이 나뉘는 일은 많지만 합치는 일은 좀처럼 일어나지 않습니다. 다투기는 쉬워도 화해하기는 어려우며 나누기는 쉬워도 합치기는 어렵습니다. 그런데 고신과 고려 교단이 하나로 합쳐졌으니 매우 의미 있는 일입니다. 게다가 이번에 하나가 된 고신과 고려는 40년 전에는 하나의 교단이었는데 나눠졌다가 다시 합치게 되었다는 점에서 의의가 있습니다.

그렇다면 두 교단이 40년 전에는 왜 나눠졌느냐? 우리가 살펴볼 고린도전서 6:1-11에 대한 해석의 차이 때문입니다. '신자 간에 일어난 문제를 세상 법정에 소송해도 되느냐 안 되느냐?'를 두고 본문에 대한 다른 해석의 문제가 있었습니다.

우리는 두 교단의 하나 됨을 기억하면서 '신자 간의 다툼이 있을 때 어떻게 해야 하는가?'라는 주제를 살펴보려고 합니다.

이 장에서는 먼저 고신과 고려 교단이 나뉘게 된 배경에 대해 살펴보고, 그 배경이 된 고린도전서 6:1-11은 어떠한 내용인지를 살피도록 하겠습니다.

고신과 고려의 분열 역사

지금으로부터 40여 년 전인 1972년, 대한예수교장로회(고신) 총회가 직영하는 신학교인 고려신학교(현 고려신학대학원)를 책임지는 학교법인 고려학원의 이사장으로 송상석 목사(당시 제일문창교회 담임)라는 분이 있었습니다. 그분의 이사장 임기는 고신총회가 정한 법적 기준에 따라 1972년에 만료되었습니다. 그런데 대한민국 문교부(오늘날의 교육부)에서 승인한 임기는 1975년까지였습니다. 교회가 정한 법으로는 1972년까지

인데, 국가에서 승인한 임기는 1975년으로 서로 차이가 있었던 것입니다.

이렇게 교회법과 세상법에 차이가 있을 때 신자는 어떻게 해야 합니까? 신자라면 당연히 교회법을 따라야 합니다. 신자는 세상에도 속했고 교회에도 속했지만, 세상법과 교회법이 충돌할 때는 교회법을 우선 따라야 합니다(요 17:16; 빌 3:20).[1]

그래서 1972년에 있었던 제22회 고신총회는 송상석 목사를 이사장직에서 물러나게 했습니다. 하지만, 송상석 목사는 임기에 대한 욕심이 생겨 문교부에 질의를 했고 자신의 이사장직 임기를 확인했습니다.[2] 문교부는 1975년이 그의 임기라 답했고, 송상석 목사는 이를 근거로 자기가 '법적 이사장'이라고 주장하며 이사회를 소집했습니다. 그러면서 2명의 이사와 함께 이사회를 열었는데, 회의록에는 총 5명으로 기록했습니다. 교회법을 어기면서 세상법을 지키려고 했고, 그렇게 세상법을 지킨다고 하면서 정작 세상법을 어겼던 것입니다.

이로 인해 세상법이 아닌 교회법에 따라 총회의 승인을 받아 이사장이 된 김희도 목사(당시 부산부평교회 담임)가 송상석 목사를 세상 법정에 고소할 것을 고려했습니다.

그런데 법정에 소송을 제기하는 문제는 매우 예민하고 심

---

1 이광호, 『고린도전후서』(서울: 칼빈아카데미, 2012), 129.

2 송상석, 『법정 소송과 종교재판』(마산: 경남법통노회, 1976), 109.

각한 문제이기 때문에 당시 고려신학대학의 교수회에 이에 대한 신학적인 자문을 요청했습니다. 고려신학대학 교수회는 1973년 6월 13일에 발표한 「신학적으로 본 법의 적용 문제」라는 논문에서, 로마서 13장과 고린도전서 6장의 주석에 기초하여, '성경적 신앙고백적 차원에서 하나님께서 국가로 하여금 사법기관을 세워 사법권을 행사하게 하신 고로 교회가 해결할 수 없는 어떤 사건의 문제해결을 위해서는 사법권에 호소할 수 있다'라는 자문을 하게 되었습니다. 이를 근거로 김희도 목사가 이끄는 이사회는 1973년 6월 9일 송상석 목사를 '사문서 위조 혐의'로 부산지방 검찰청에 고발했고, 부산지방 법원에 '이사장 직권 정지 가처분 신청'을 내었습니다. 신자 간의 문제인 교회가 운영하는 목사 양성을 위한 신학교 이사장직과 관련된 문제를 세상 법정에 가지고 간 것입니다.

소송 결과, 법원은 송 목사의 '사문서 위조 혐의'를 유죄로 인정하여 이사장 직무 정지령을 내렸습니다. 이에 대해 송 목사는 사무인계를 거부하고 직무대리 이기진 목사에게 이사장 직인을 맡겼습니다. 그 결과 김희도 이사장이 이끄는 이사회는 법인의 사무를 제대로 집행할 수 없게 되었습니다.

이 일은 1973년 9월 20일에 열린 제23회 총회(장소: 제일문창교회당)에서 문제가 되었습니다.[3] 제23회 총회는 '성도 간

---

3 물론 이 문제는 단순히 송상석 목사와 관련된 문제만은 아니었습니다. 아주

의 법정 제소는 이유 여하를 막론하고 신앙적이 아니며, 건덕상 방해됨으로 (제소)하지 아니 하는 것이 본 교단 총회 입장'임을 밝혔습니다. 이 결정에 따라 법정 소송을 제기했던 김희도 목사와 윤은조 장로가 총회 앞에서 사과했습니다(1973년 12월 18일).[4]

문제는 다음 해인 1974년 9월에 열린 제24회 총회(장소: 부산남교회당)에서 일어납니다. 제24회 총회는 '소송 문제에 관한 제23회 총회 결의는 우리의 교리표준(신앙고백, 대요리문답, 소요리문답)에 위배된 결의이므로 다음과 같이 수정하도록 가결하다: 사회 법정에서의 성도 간의 소송행위가 결과적으로 부덕스러울 수 있으므로 소송을 남용하지 않도록 하는 것이 총회의 입장이다'라고 결정했습니다. 제23회 총회는 '성도 간의 법정 제소는 이유 여하를 막론하고 신앙적이 아니다'라고 결정했지만, 제24회 총회는 '소송을 남용하지 않도록' 하는 정도로 격하(格下)시켰습니다. 궁극적으로 이 결정은 성도 간의 문제를 세상 법정에 소송하는 것을 허용한 결정이며, 이전 총회의 결정을 파기한 것이었습니다.

총회의 오락가락한 결정에 대해 경기노회, 경남노회, 경동

복잡한 교단 정치 구조와 연관됩니다. 이 부분에 대해서는 다음을 참고하시기 바랍니다. 신재철, "한상동과 송상석에 관한 연구", 『진리와 학문의 세계』, 제18권 (경산: 달구벌기독학술연구회, 2008), 189–194.

4   신재철, "한상동과 송상석에 관한 연구", 194; 대한예수교장로회 제23회 총회 촬요

노회(당시 고신의 노회는 총 8개였고 2023년 현재는 35개)가 문제를 제기했습니다. 이들은 '성도 간에 소송을 하지 않는 것이 옳다'고 보았고, 제24회 총회의 결정은 성경적이지 않다고 보았습니다. 이러한 생각을 가진 분들이 당시에 적지 않았습니다. 특히 왕십리제일교회(현 서울제일교회, 서울시 성동구 도선동 소재)의 하찬권 목사라는 분이 총회의 결정이 잘못되었음을 알리는 일에 매우 주도적이었습니다.[5] 하지만 안타깝게도 이러한 분들은 총회의 결정에 동의하는 분들에 비해 소수였고, 다음 해에 열린 1975년의 제25회 총회(장소: 부산남교회당)는 세상 법정에 고소하는 것에 대해 반대 입장을 가진 노회에 속한 총대들의 총대권을 인정하지 않았습니다.

그 결과 고소를 반대하던 분들이 스스로를 '반(反)고소파'라 칭하고 1976년 제26회 총회부터 따로 총회로 모이게 되었습니다. 경향교회(현재 강서구 등촌동에 위치하며, 당시에는 여의도에 있었습니다)의 석원태 목사를 중심으로 새로운 교단을 형성하게 되었는데 그분들을 '반(反)고소파' 혹은 '고려교단'이라고 합니다.[6]

---

5   이와 관련해서는 신재철, "불신 법정 송사와 고신교단의 분열: 석원태 목사의 반고소론, 실상과 허상", 『진리와 학문의 세계』, 제19권 (경산: 달구벌기독학술연구회, 2008), 169-205를 참고하십시오.

6   이와 관련한 역사 서술에 대해서는 許淳吉, 『韓國長老敎會史: 長老敎會(高神) 50周年 禧年 記念』(서울: 총회출판국, 2002), 489-502; 최덕성, 『정통신학과 경건』(서울: 본문과현장사이, 2006), 513-544; 고려역사편찬위원

이렇게 1975년 제25회 총회 당시 '신자 간의 세상 법정 송사가 가능하냐?'의 문제로 나눠졌던 두 교단이 40년이 흐른 2015년에 하나님의 섭리를 따라 다시 합치게 되었습니다.

낯선 역사, 낯선 주제

지금까지 말씀드린 고신과 고려 교단 간의 분열의 역사와 그 분열의 계기가 된 고린도전서 6:1-11을 본문으로 한 '신자와 신자 간에 일어난 문제를 세상 법정에 소송해도 되느냐?'의 문제는 오늘날 한국의 그리스도인들에게는 다소 낯선 주제입니다. 거의 대부분은 그러한 일이 언제 있었냐는 듯이 신자들 서로가 세상 법정에 고소하는 일을 아무렇지 않게 하고 있습니다.

하지만 1970년대를 살았던 분들, '반(反)고소 운동'이라 불리는 고려교단에 소속된 성도들, 고려교단에 있다가 1980년대에 고신으로 들어온 성도들에게는 매우 중요하고 익숙한 주제입니다.[7]

회, 『고려(反告訴) 25년사』(서울: 경향문화사, 2002), 66-128; 신재철, 『불의한 자 앞에서 소송하느냐?: 한국교회의 고소 문제에 대한 역사적 고찰』(서울: 쿰란출판사, 2007), 108-208; 신재철, "한상동과 송상석에 관한 연구", 188-201; 신재철, "불신법정 송사와 고신교단의 분열: 석원태 목사의 반고소론, 실상과 허상", 169-205; 유해무, "성도 간의 세속법정에서의 송사를 개탄함", 『기독교보』, 2001년 1월 13일자를 참고했습니다.

7 반고소라는 이름으로 총회를 구성한 분 중 일부는 1977년과 80년대 초반, 2001년에 몇 차례에 걸쳐서 다시 고신교단으로 가입했습니다.

제 개인적으로는 신학교 2학년 때부터 전도사로 섬겼던 (2006-2008년) 서울제일교회가 1975년 당시 하찬권 목사를 중심으로 반고소 운동의 핵심교회였기에, 이 주제에 대해 신학교 때부터 관심을 가졌고 나름의 결론을 갖고 있었습니다.

역사만의 문제가 아닌 현실의 문제

지금까지 말씀드린 내용은 단지 역사 속의 이야기만은 아닙니다. 우리의 현실과도 매우 밀접한 관련 있는 이야기입니다. 우리 주변에 다툼으로 인해 신자와 신자가 세상 법정 앞에 서는 경우가 비일비재합니다. 대한민국 법정에서 교회 내의 일을 다루는 경우가 매년 수백 건이라고 합니다.[8] 이는 매우 수치스러운 일입니다. 복음을 가리는 일입니다.

교회가 타락하니 교회 안에서 목사와 장로 간의 갈등이 심각해지고, 교인과 교인 간의 갈등이 심각한 상황에 이르렀습니다. 교인과 교인의 문제를 교회 안에서 해결하지 않고 세상 법정으로 가지고 가는 일이 비일비재합니다. 그 예가 우리 주변에 많습니다. 서울시 송파구에 있는 어느 교회는 10년 이상

---

8   2013년 10월 15일 한국교회 100주년 기념관에서 개최된 '기독교 화해 사역 세미나'에서 오세창 변호사는 "이제 세상 법정으로 가지 맙시다"라는 주제의 발표에서 "한국교회 10대 순위에 있는 대부분의 교회들과 1000여 개 교회가 법정 소송 중에 있다."고 발표한 바 있습니다.

계속된 교회 분쟁으로 몸살을 앓았습니다.[9] 경남의 어느 교회에서는 교인이 혼전 임신 문제로 교회로부터 권징을 받았는데, 목사를 명예훼손으로 세상 법정에 고소하기도 했습니다. 다른 교인들 앞에서 부끄러움을 줬다는 게 이유입니다.[10] 이 문제는 교회의 치리에 대한 교인들의 이해가 얼마나 부족한지를 잘 보여줍니다.

이런 시점에서 저는 고신과 고려 두 교단이 합치게 된 교회사적인 중요함과 더불어 오늘날의 현실과도 관련하여 이 주제에 대해 다루려고 합니다. 과연 '신자 간에 일어난 문제를 세상 법정에 소송해도 되느냐?'하는 문제입니다.

본론 - 신자 간의 다툼이 있을 때 어떻게 해야 하는지에 대한 성경의 가르침

이 문제를 알기 위해 고신과 고려 분열의 이유가 되었을 뿐만 아니라, 이 문제에 대해 가장 잘 설명하고 있는 고린도전서 6:1-11을 살펴봅시다.

---

9   이 교회의 분쟁은 2004년 4월부터 시작되어 2016년 12월에 비로소 마무리되었습니다.

10   http://knnews.co.kr/news/articleView.php?idxno=1041110

본문의 배경: 신자 간의 다툼과 소송

고린도전서 6:1–11의 배경은 신자[11] 간의 다툼입니다.[12] 1절 상반부에는

"너희 중에 누가 다른 이와 더불어 '**다툼**'이 있는데…"

라고 말씀합니다. 고린도교회에서 신자 간에 다툼이 있었습니다. "다툼"(dispute; NIV)이라고 번역된 말은 헬라어로 '프라그마'(πρᾶγμα)인데 일반적으로 '행위', '사건'(matter; KJV), '발생', '일어난 일'이라는 뜻입니다. 이 단어는 "…있는데"라고 번역된 '가지다'(ἔχω)라는 동사와 함께 나올 경우 소송(lawsuit)이나 법적 행위를 가리킵니다.[13] 그러므로 이 본문의 배경은 '단

---

11 필자는 '신자'라는 말과 '성도'라는 말을 구분하여 사용했습니다. 그 이유는 성경에서는 '성도'(οἱ ἅγιοι)를 가리켜 항상 복수(複數)로 사용하기 때문입니다(롬 8:27; 12:13; **15:26**; 고전 6:1, 2; 고후 9:1; 13:12; 엡 1:18; **2:19**; 3:8, 18; **4:12**; 5:3; 빌 4:22; 골 1:26; 계 8:4; 14:12 등등). 한글 성경은 이 부분을 엄밀하게 표현해 주지 못하고 있습니다.

12 본문은 그 위치상 근친상간에 대한 교회의 권징을 다루는 고린도전서 5장과 음행에 대한 가르침을 다루는 고린도전서 6:12–20 사이에 위치하는데, 내용적으로 같은 선상에 있다고 보아야 합니다. 바울은 고린도전서 5:13과 6:1 사이에 아무런 접속사도 사용하지 않음으로써 5장과 6장을 바로 연결시키고 있습니다. 신재철, 『성경과 신학의 창으로 본 소송 문제』(서울: 쿰란출판사, 2008), 51, 52.

13 Gordon D. Fee, *The First Epistle to the Corinthians*, NICNT (Grand Rapids: Eerdmans, 1987), 231; Anthony C. Thiselton, *The First Epistle to the Corinthians*, NIGTC (Grand Rapids: Eerdmans, 2000), 424; BDAG, 859; 길성남, "형제가 형제와 더불어 소송하느냐?: 고린도

순한 다툼' 정도가 아니라 신자와 신자 간에 일어난 일로 인해 소송한 것을 배경으로 하고 있습니다.[14]

이 내용이 '단순한 다툼'이 아닌 '소송'에 관한 문제라는 사실은 1, 6, 7절에 나오는 표현을 통해서도 알 수 있습니다.[15]

1절에 "…불의한 자들 앞에서 **고발**하고"라고 되어 있고, 6절에도 "형제가 형제와 더불어 **고발**할 뿐더러…"라고 되어 있고, 7절에도 "너희가 피차 **고발**함으로…"라고 되어 있는데, '고발'이라는 번역보다는 개역한글판처럼 '송사'(訟事)[16]라고 번역하거나, '소송'(訴訟)(두란노 우리말 성경, 공동번역) 혹은 '고소'(告訴)

전서 6:1–11에 대한 주석적 연구", 『개혁신학과 교회: 주의 나라는 영원한 나라이니 (한정건 교수 은퇴기념 논총)』, 제28호 (천안: 고려신학대학원, 2014), 137.

필자가 길성남 교수 논문의 주해에서 큰 도움을 받았지만, 이 논문의 결론에는 동의하지 않습니다. 당시의 배경을 이야기하면서 '…였을 것이다'라는 추측성 표현을 자주 사용하고 있을 뿐만 아니라(참조. 논문 133, 134, 135, 154페이지) 고린도전서 6:1–11의 배경이 돈이나 재산과 관련된 다툼이었다고 보면서 '민사(民事) 상'의 문제에만 해당하지 '형사(刑事) 상'의 문제는 상관없다는 너무 쉬운 결론을 내립니다(133, 153–154페이지). 그렇다고 길 교수의 논문 자체를 폄하하는 것은 아닙니다. 필자는 길 교수의 주해에서 상당한 도움을 받았습니다.

14   몇몇 주석가들은 여기에서의 분쟁을 '민사관계에 대한 것'으로 봅니다. Richard B. Hays, *First Corinthians*, Interpretation, (Louisville: Westminster John Knox Press, 1997), 유승원 옮김, 『고린도전서』(서울: 한국장로교출판사, 2006), 169.

15   2절의 '지극히 작은 일'에서 '일'이라는 말과 4절의 '사건'이라는 말은 헬라어로 크리테리온(κριτήριον)이라고 해서 소송(lawsuit)이라는 뜻입니다. Fee, *The First Epistle to the Corinthians*, 234.

16   송사(訟事), 소송(訴訟) : [법률] 법률상의 판결을 법원에 요구함. 또는 그런 절차.

(아가페 쉬운성경, 공동번역)라고 번역하는 것이 더 바람직합니다.[17]

이런 점을 볼 때 본문의 배경은 단순한 신자 간의 '다툼' 정도가 아니라, 신자 간에 있었던 다툼이 결국 '소송', 즉 '세상 법정'까지 가게 된 문제에 관한 내용입니다.

바울의 질책

그렇다면 고린도교회에서 일어난 세상 법정에 소송한 일에 대해 바울이 뭐라고 말합니까? '그래! 너희들이 서로 다투었으니 세상 법정에서 그 문제에 대한 가부를 묻는 것은 너무나 당연한 일이다!'라고 말합니까?

아닙니다. 1절 하반부에 보면,

> "…구태여 불의한 자들 앞에서 고발하고 성도 앞에서 하지 아니하느냐"

라고 말합니다. 바울은 신자와 신자 간에 일어난 일로 다툼이 발생하고 그것이 결국 세상 법정에까지 가게 된 것에 대

---

17 '고발하다'는 피해자나 법적 대리인이 아니라 제3자가 범죄 사실을 신고하여 수사 및 기소를 요구한 것으로, 본문의 이야기는 피해자가 소송을 제기한 것이므로 '고발하다'가 아니라 '고소하다' 또는 '소송하다'라는 표현이 더 적절합니다. 길성남, "형제가 형제와 더불어 소송하느냐?", 137, 144.

해 질타하면서 '왜 성도 앞에서 해결하지 않고 불의한 자들 앞에서 소송하느냐?'라고 강하게 책망합니다. 그리고 4절에서 다음과 같이 말합니다.

"…교회에서 경히 여김을 받는 자들을 세우느냐?"

즉, '왜 신자 간의 문제를 불신자들 앞에서 해결하려고 하느냐?'라고 질책합니다.[18] 그러면서 5절에서는

---

18   4절 하반부에 "세우느냐"라고 번역된 헬라어 '카티제테'(καθίζετε)를 '카티조'(καθίζω)라는 동사의 직설법 의문형으로 해석하느냐(ASV, RSV, NASB, 개역개정과 개역한글), 아니면 명령형으로 해석하느냐(KJV, NIV)에 따라 번역이 달라질 수 있습니다. 의문문으로 해석할 경우, 경히 여김을 받는 자들에게 재판을 받을 수 없다는 의미입니다. 명령형으로 해석할 경우, "만일 반드시 일상적인 사건의 소송을 제기해야 한다면, 교인들 가운데 가장 미약하고 멸시받는 사람들을 가려내어 그들을 재판관으로 임명함으로써 여러분이 그러한 소송 사건들을 하찮게 여긴다는 것을 보여주십시요"라는 의미가 될 것입니다. 신재철, 『성경과 신학의 창으로 본 소송 문제』, 64-65.
    KJV는 "If then ye have judgments of things pertaining to this life, set them to judge who are least esteemed in the church."(너희가 이 생에 관한 일들을 판단할 일이 있을 때 교회 안에서 가장 존경받지 못하는 자들을 판단하도록 세울지니라; 말씀보존학회 역)라고 했고, NIV는 "Therefore, if you have disputes about such matters, appoint as judges even men of little account in the church!"라고 함으로써 명령형으로 해석했습니다. 2011년에 새로 나온 NIV는 "Therefore, if you have disputes about such matters, do you ask for a ruling from those whose way of life is scorned in the church?"라고 번역함으로써 의문문으로 해석했습니다.
    개역개정과 개역한글은 의문문으로 해석했으나 표현이 이해하기 어려운 면이 있고, 공동번역은 "그런데 이런 사건이 생길 때 여러분은 어찌하여 교회가 멸시하는 자들을 재판관으로 앉히는 것입니까?"로, 두란노 우리말

"…너희 가운데 그 형제간의 일을 판단할 만한 지혜 있는 자가 이같이 하나도 없느냐?"

라고 반문합니다. 이때 이런 단서를 덧붙입니다. "내가 너희를 부끄럽게 하려 하여 이 말을 하노니…" 신자 간의 문제를 교회 안에서 해결하지 않고 세상 법정으로 가져간 일은 '부끄러운 일'이라는 것입니다.[19] 6절에서는

성경은 "그런데 세상일로 소송할 것이 생겼을 때 여러분은 교회가 업신여기는 바깥 사람들을 재판관으로 세웁니까?"로, 아가페 쉬운 성경은 "그런데 이런 일상적인 문제로 다툼이 일어날 때, 여러분은 왜 교회에서 멸시하는 세상 사람들을 재판관으로 앉히는 것입니까?"라고 함으로써 의문문으로 해석하면서 그 뜻을 분명히 했습니다.

칼뱅은 해당 본문의 주석에서 '카티제테'(καθίζετε)를 현재 시제로 받아들이고, 이 본문의 뜻을 '불신자'로 해석하는 것에 대해서 '영리한 해석'이라고 평하며, '불신자'로 해석하는 것은 근거가 부족하다고 봅니다.

이 본문을 명령형으로 보는 학자들은 크리소스토무스(Chrysostomus), 아우구스티누스, 베자(Beza), 칼뱅 등이 있습니다.

필자는 이 본문을 의문문으로 보는 것이 바람직하다고 생각하여 의문문으로 해석한 것을 전제로 설교했습니다.

19 고린도전서 4:14에서 바울은 "내가 너희를 부끄럽게 하려고 이것을 쓰는 것이 아니라 오직 너희를 내 사랑하는 자녀 같이 권하려 하는 것이라"라고 했는데, 여기에서는 "내가 너희를 부끄럽게 하려 하여 이 말을 하노니…"라고 표현하고 있다는 사실은 이 문제에 대해 바울이 얼마나 화가 나 있는지를 잘 알 수 있습니다. Hays, 『고린도전서』, 169; 이광호, 『고린도전후서』, 120; Fee, *The First Epistle to the Corinthians*, 236-237; Leon Morris, *1 Corinthians*, TNTC (Downers Grove: IVP, 1985, 2008 reprint), 95.

"형제가 형제와 더불어 고발할뿐더러 믿지 아니하는 자들 앞에 서 하느냐?"

라고 말씀합니다.

고린도전서 6:1-11을 전체적으로 보면 계속해서 꾸짖고 책망하고 질책하는 내용이 이어집니다.

게다가 1절에 "구태여"라고 번역된 말이 성경 원어에 보면 '톨마'(τολμάω)라는 단어인데 '구태여'라는 표현보다는 '감히'(dare) '도대체 왜'라는 뜻에 더 가까운데, 말하는 사람의 격한 감정을 그대로 드러내는 표현입니다.[20] 바울은 '톨마'라는 표현을 통해서 '도대체 너희들이 무슨 염치로 그런 짓을 했는가?'라고 강한 감정으로 책망하고 있습니다.[21] 게다가 원어에서는 이 단어가 제일 앞에 나옵니다. 바울은 교인 사이에 일어난 일을 세상 법정에서 해결하려는 것이 신자의 신분에 맞지 않는 행동이라고 지적하고 있습니다.[22]

---

20   Fee, *The First Epistle to the Corinthians*, p.231, n.7; Thiselton, *The First Epistle to the Corinthians*, 423; Morris, *1 Corinthians*, 93; 신재철, 『성경과 신학의 창으로 본 소송 문제』, 54.

21   Archibald Robertson and Alfred Plummer, *A Critical and Exegetical Commentary on the First Epistle of St. Paul to the Corinthians* (Edinburgh: T&T Clark, 1975), 111.

22   Thiselton, *The First Epistle to the Corinthians*, 423-424; 길성남, "형제가 형제와 더불어 소송하느냐?", 137-138.

바울의 질책의 요지

그렇다면 여러분, 바울의 질책은 결국 어떻게 하는 것이 바람직하다는 말입니까? 1절에 "…불의한 자들 앞에서 고발하고 성도 앞에서 하지 아니하느냐?"라고 했으니 불신자들 앞에서가 아니라 성도 앞에서 해야 한다는 말입니다. 6절에서 "…믿지 아니하는 자들 앞에서 하느냐?"라고 했으니 믿는 자들 앞에서 해야 한다는 말입니다.

즉, 교회 안에 속한 신자와 신자 간에 다툼이 생겼을 때는 그 문제를 세상 법정에 가지고 갈 일이 아니라 교회 안에서 해결해야 한다는 것입니다. '어떻게 형제와 형제 간에 일어난 일을 믿지 않는 사람들 앞에서 하느냐?'하는 것입니다. 이것이 바로 본문이 말하는 핵심이요 결론입니다.

신자와 신자 간에 어떤 일로 다툼이 있을 때 신자는 세상 법정에 소송해서는 안 됩니다. 세상 법정에서 소송하는 방법이 아닌 교회 안에서 해결하기 위해 노력해야 합니다. 그렇게 하는 것이 사도 바울이, 아니 하나님께서 우리에게 명령하시는 내용입니다.

왜 세상 법정이 아닌 교회 안에서 해결해야 하는가?

그렇다면 왜 세상 법정이 아닌 교회 안에서 해결해야 합니까? 그 이유는 2절과 3절에 잘 나와 있습니다. 크게 2가지 이유입니다.

하나는 2절에 나와 있는 것처럼 성도는 세상을 판단할 것이기 때문입니다. 또 하나는 3절에 나와 있는 것처럼 성도는 천사를 판단할 것이기 때문입니다. 이 2가지 이유에 대해서 좀 더 자세히 살펴보겠습니다.

1) 세상을 판단할 성도

먼저 2절에 나와 있는 것처럼 성도가 세상을 판단할 것이기 때문입니다. 성도가 세상을 판단한다는 말이 무슨 뜻입니까? 이 말의 의미를 바르게 이해하기 위해서는 '성도'가 누구인가를 분명히 인식해야 합니다.

저와 여러분을 '성도(聖徒)'라고 부르는데 왜 우리가 성도입니까? 성도란 예수 그리스도의 의로움으로 말미암아 의롭게 된 자들입니다. 성도란 '하나님의 목적과 뜻에 따라 그의 아들 우리 주 예수 그리스도와의 교제와 교통으로 소명하시고 성령으로 말미암아 중생 받은 자들'(도르트 신조 제5교리 1항)이며, '하나님께서 그의 사랑하시는 자 안에서 영접한 자들이며 효과적으로 부르시고 그의 성령을 통해 거룩하게 된 자들'(웨스트민스터 신앙고백서 제17장 제1절)입니다.

이러한 성도의 특성은 의로운 자입니다. 그렇기 때문에 성도는 장차 악한 세상을 판단할 자들입니다(고전 6:2). 세상이 성도를 판단하는 것이 아니라 성도가 세상을 판단합니다. 특별히 성도가 세상을 판단한다는 말은 성도가 하나님의 백성으로서 종말의 때에 세상을 심판하는 일에 참여하게 된다는 뜻입니다(마 19:28; 눅 22:30; 유 14–15; 계 2:26–27; 20:4).[23] 마태복음 19:28은 "예수께서 이르시되 내가 진실로 너희에게 이르노니 세상이 새롭게 되어 인자가 자기 영광의 보좌에 앉을 때에 나를 따르는 너희도 열두 보좌에 앉아 이스라엘 열두 지파를 심판하리라"라고 말합니다. 이 말씀에 의하면 성도는 장차 세상을 판단하게 될 자들입니다.

그래서 1절에 보면 세상 재판장들을 가리켜서 "…불의한 자들…"이라고 표현합니다. '불의한 자들'(τῶν ἀδίκων/ the unrighteous)이는 말은 세상 재판장들이 어떤 잘못을 저질렀다는 뜻이 아니라 '성도'(saints)라는 표현과 구분되는 말로 도덕적, 윤리적 개념이 아닌 영적 개념입니다.[24] 즉, '예수 그리스도로 말미암아 의롭게 된'이라는 개념과 반대되는 뜻으로서의 '불의하다'는 말입니다. 다시 말해, 1절에서 말하는 '불의한 자

---

23 Thiselton, *The First Epistle to the Corinthians*, 425–426.

24 Fee, *The First Epistle to the Corinthians*, 232; 길성남, "형제가 형제와 더불어 소송하느냐?", 138; 신재철, 『성경과 신학의 창으로 본 소송 문제』, 55–56. 바울은 고린도에서 유대인들에게 고소당했을 때 아가야 총독인 갈리오가 문제를 바르게 처리하는 것을 직접 경험한 적이 있습니다(행 18:12–17).

들'은 '불신자들'이라는 말입니다.

세상 법정의 재판장은 성도가 아니라는 점에서 불의한 자들입니다. 그리스도로 말미암아 거룩해진 자가 아니라는 의미에서 불의한 자들입니다.[25] 그래서 4절은 같은 재판관들을 가리켜 **"교회에서 경히 여김을 받는 자들"**로, 6절에서는 **"믿지 아니하는 자들"**이라고 표현했습니다.[26]

성도(聖徒)는 '믿지 않는', 그래서 '불의한' 사람들 앞에서 판단을 받을 존재가 아니라 오히려 그들을 장차 심판할 자들입니다. 이러한 측면에서 사도 바울은 교회에 속한 신자와 신자 간의 문제를 세상 법정으로 가져가는 것은 앞뒤가 바뀐 것임을 지적하고 있습니다. 바울은 성도가 세상을 판단할 영광스러운 자격을 가진 존재라는 사실을 깨닫지 못하고 세상 앞에 가서 성도의 일에 대해 판단을 구하는 것이 잘못되었음을 지적하고 있습니다.

2) 천사를 판단할 성도

두 번째, 3절에 나와 있는 것처럼 성도는 천사를 판단할 것

---

25   Morris, *1 Corinthians*, 93; F. W. Grosheide, *Commentary on the First Epistle to the Corinthians*, NICNT (Grand Rapids: Eerdmans, 1953), 133; 김세윤, 『고린도전서 강해』(서울: 두란노, 2007), 105; 조광호, 『고린도전서』(서울: 한국장로교출판사, 2012), 141.

26   길성남, "형제가 형제와 더불어 소송하느냐?", 138; Hays, 『고린도전서』, 170, 172.

이기 때문입니다. 성경 전체에서 성도가 천사를 판단할 것이라는 말은 여기에만 나옵니다. 여기에서의 '천사'가 글자 그대로 천사(angel)를 가리키는지 아니면 악한 천사인 사탄을 가리키는지 분명하지 않습니다. 하지만 선한 천사들은 심판의 대상이 아니라는 점을 생각할 때 아마 악한 천사인 사탄을 가리키는 말이라고 볼 수 있습니다(참고. 벧후 2:4; 유 6).[27] 그렇다면 성도는 마지막 심판 때에 악한 천사들을 판단할 것입니다.

그런데 바울이 3절에서 강조하는 바는 '성도가 천사를 판단할 것이다'라는 것보다는 좀 더 강하게 '성도는 장차 천사도 판단하게 될 것인데 하물며 세상에 대해서는 더 그렇지 않겠느냐? 그런데 왜 세상 법정에 가서 성도 간의 문제에 대한 판단을 구하느냐?'하는 것입니다.

3) 성도의 지위

방금 살펴본 내용을 정리해 보면, 성도가 세상 법정에 가지 말아야 할 이유는 표면적으로는 2가지이지만 결국은 1가지입니다. 바로 '성도'라는 신분과 역할에 관한 문제입니다. 성도는 그 신분상 예수 그리스도로 말미암아 거룩해진 자들입니다. 그래서 장차 타락한 이 세상(2절)과 타락한 악한 천사들

---

27   Grosheide, *Commentary on the First Epistle to the Corinthians*, 135; 길성남, "형제가 형제와 더불어 소송하느냐?", 140; 조광호, 『고린도전서』, 143.

(3절)을 판단하는 역할을 하게 될 것입니다. 이러한 신분과 역할을 가진 성도가 자신들의 문제를 세상 앞에서 판단 받으려고 하는 것은 도무지 있을 수 없는 일입니다. 2절과 3절을 한마디로 말하면, '성도란 이런 높은 지위에 있는 사람들인데 너희가 어찌 하잘것없는 세상 앞에 가서 도리어 재판을 받는다는 말이냐!' 이런 뜻입니다.

그렇다면 성도가 어떻게 세상과 천사들에게까지 재판관이 될 수 있습니까? 그것은 우리 스스로의 잘남을 통해서 되는 것이 결코 아닙니다. 우리에게는 아무런 공로가 없습니다. 전적으로 우리를 의롭다 칭해주신 예수 그리스도의 공로 때문입니다.

하나님께서는 예수님께 이 세상을 심판할 권세를 주셨습니다(요 5:22, 27; 딤후 4:1; 벧전 4:5). 사도신경에서 고백하는 것처럼 우리 주님 예수 그리스도께서는 '전능하신 하나님 아버지의 우편에 앉아계시다가, 거기로부터 살아 있는 사람들과 죽은 사람들을 심판하러 오실 것입니다.' 이때 예수님께서는 앞서 우리가 보았던 마태복음 19:28의 말씀처럼 당신의 사랑하는 자녀인 성도들에게도 세상과 천사를 심판하는 일에 동참할 수 있게 해주실 것입니다(딤후 2:12).[28]

이처럼 성도가 세상과 천사를 심판할 수 있는 권한을 부여

---

28 길성남, "형제가 형제와 더불어 소송하느냐?", 139.

받은 것(고전 6:2-3)은 성도 자신의 공로에서 비롯된 것이 아니라 예수 그리스도께서 자기 백성에게 주신 것에 근거합니다.[29]

성도들은 예수님께서 재림하여 만물을 통치하시는 주로서 세상을 심판하실 때 그분과 함께 심판에 참여하여 세상과 천사를 심판할 것인데, 불신자들에게 판단 받기 위하여 같은 믿음의 형제를 송사(고소)하는 일은 있을 수 없는 일입니다. 5절에서 말하는 것처럼 부끄러운 일입니다. 성도가 그리스도로 말미암아 자신에게 이루어진 지위인 '세상과 천사들조차도 재판할 권세'를 스스로 저버리고, 자기가 심판해야 할 세상 앞에 가서 머리를 조아리며 판단을 받는 수치스러운 일입니다.

세상 법정에 가지 말아야 할 또 다른 이유: 신자의 관계는 형제 관계이기 때문에

그리스도로 말미암아 의롭다함을 얻은 신자가 다른 신자와 더불어 일어난 문제에 대하여 세상 법정이 아닌 교회 안에서 해결해야 하는 이유를 더 덧붙이면, 신자와 신자 간의 관계는 곧 형제 관계이기 때문입니다.

본문을 자세히 보면 공통적으로 나오는 표현들이 있습니다.

---

29   길성남, "형제가 형제와 더불어 소송하느냐?", 140.

5절 "…그 **형제**간의 일…"[30]

6절 "**형제**가 **형제**와 더불어 고발할뿐더러…"

8절 "…그는 너희 **형제**로다"

바울은 1, 2절에서 '성도'(ἅγιος)라는 표현을 사용하다가 5, 6, 8절에서는 '형제'(ἀδελφός)라는 용어를 사용합니다.[31] 이러한 표현은 교회가 무엇인지, 신자 간의 관계가 무엇인지를 분명하게 드러내는 표현입니다.[32]

교회는 가족 공동체, 곧 '하나님의 가족'(Heavenly Family)입니다. 교회에 속한 신자의 관계는 말 그대로 '형제'입니다. 신

---

30   NIV는 5절의 '형제'를 believers로 번역했고, 6절과 8절에서는 '형제'(brother)로 번역했습니다.

31   6, 8절에 나오는 '형제'(brother/ἀδελφὸς)라는 표현을 NRSV는 '신자'(believer)로 번역함으로써 용어의 포괄성을 보이려고 노력하지만 바울이 강조하는 '하나님의 가족' 개념을 놓치게 만들었습니다. Hays, 『고린도전서』, 173.

32   바울은 '아델포이'(ἀδελφοὶ)라는 용어를 사용했는데, 이 용어는 1세기 헬라 로마 사회에서 혈연관계에서만 사용되던 용어였습니다. 간헐적으로 다른 곳에 사용되기도 했지만 주로 이 칭호는 피를 나눈 식구들에게만 주로 적용되는 말이었습니다. 바울은 이 단어를 형제만 아니라 자매들도 함께 일컬어서 사용했는데(Robert Banks, Paul's Idea of Community (Peabody: Hendrickson, 19942), 장동수 옮김, 『바울의 공동체 사상』 (서울: IVP, 2007), 100-108; R. Aasgaard, My Beloved Brothers and Sisters (Th. D thesis, University of Oslo, 1998), 12.), 바울이 이러한 표현을 사용했다는 것은 그리스도인의 관계가 어떠하며 또 어떠해야 하는가를 드러내는 것이라 할 수 있습니다(골 4:7, 9; 엡 6:21; 몬 7, 10; 빌 2:25). 실제로 사도행전 15:23에 최초의 세계 교회 총회의 편지는 이렇게 시작합니다. "사도와 장로된 형제들은… 이방인 형제들에게 문안하노라" 사도들과 초대교회 목사들은 자신들의 맡은 의무/직분이 "사도와 목사"인 줄 알았지만, 신분은 "형제"로 말합니다.

자 간의 관계는 단순한 인간적 관계로 맺어진 것이 아니라, 그리스도를 '통해' 맺어진 관계입니다. 주님의 피로 맺어진 혈연 관계입니다. 그러므로 신자의 형제 됨은 실제 가족의 연대만큼이나 끈끈하고 강력한 것이어야 합니다. 말로만 형제, 자매라고 부르는 것이 아니라 매우 실제적으로 그러해야 합니다. 한 몸에 속한 한 지체이기에 그렇습니다.[33]

우리 모두 '형제'의 관계이므로 항상 화목(和睦)해야 합니다. 하지만 형제와 형제간에도 다툼이 있을 수 있습니다. 그리스도로 말미암아 구원받아 성령님의 사역으로 인하여 날마다 거룩해져 가는 삶을 사는 성도(聖徒)지만, 여전히 죄의 본성이 남아 있기에 서로 간에 불화(不和)가 있을 수 있습니다.

이때 성도 간의 불화는 형제간의 일이므로 가족끼리 해결해야 합니다. 그렇게 하는 것이 마땅한 원리입니다. 이러한 사실 때문에 5절과 6절은 각각 다음과 같이 질책합니다.

5절 "…너희 가운데 그 **형제간의 일**을 판단할 만한 지혜 있는 자가 이같이 하나도 없느냐?"

6절 "**형제가 형제와 더불어** 고발할뿐더러 믿지 아니하는 자들

---

33 "바울이 데살로니가에 머물렀던 기간은 사도행전 17장을 볼 때 길어야 3개월 정도입니다. 그렇게 짧게 머물러 있었던 곳의 성도들을 향하여서 "형제들아"라는 표현을 자주 사용하고 있는 것은 교회에 대한 그의 관점이 잘 담겨져 있습니다." 이상규, 『헬라 로마적 상황에서의 기독교』(서울: 한들출판사, 2006), 25-29.

앞에서 하느냐?"

바울은 고린도 교인들 사이에 일어난 문제 자체보다 그 문제를 교회 안에서 해결하지 않고 세상 법정에서 해결하려고 한 행동을 책망합니다.[34] 왜냐하면 문제라는 것은 충분히 일어날 수 있지만, 그것을 해결하는 방식이 잘못되었기 때문입니다.

세상 법정을 부정하는 것이 아님

신자 간의 문제는 세상 법정이 아니라 교회 안에서 해결해야 합니다.

이렇게 말씀드리면 간혹 오해하는 분들이 있습니다. 그리스도인은 세상 법정의 존재 자체를 부정해야 하는 것처럼 이해합니다. 그러나 그렇지 않습니다.

본문의 저자인 바울조차도 세상 법정 자체를 거부하지 않았습니다. 바울도 로마 시민으로서의 올바른 대우를 받기를 요구했으며(행 16:37-39), 로마 백부장과 천부장에게 재판받을 것을 요구했고(행 22:25-29), 유대인의 송사에 대해 총독에게 고소했습니다(행 23:27; 24:10-21).

다만 지금 바울이 말하는 것은 신자와 신자 사이에 일어난 문제에 대해서 어떻게 해야 할지에 관한 것입니다. 신자와

---

34   길성남, "형제가 형제와 더불어 소송하느냐?", 137.

불신자 사이, 불신자와 불신자 사이에 일어난 문제는 이와 다른 문제입니다.

결론

신자 간에 다투어서는 안 됩니다. 신자와 신자의 관계는 단순한 인간관계가 아니라 형제의 관계이므로 기본적으로 다툼의 대상이 아니라 사랑의 대상입니다. 서로 용납하고 아껴주고 이해하는 관계여야 합니다.

그러나 우리의 죄성을 인정하지 않을 수 없습니다. 신자와 신자 사이에 그리고 교회 안에 분쟁이 절대로 일어나지 않는다고 말할 수 없습니다.

다만, 그러한 일이 있을 때 우리는 모두가 '성도'라는 사실을 기억해야 합니다. 성도는 예수님의 재림 시에 세상 심판에 동참할, 종말론적으로 고귀한 신분을 가진 자들임을 잊지 말아야 합니다. 예수 그리스도의 이름과 성령님 안에서 거룩함과 의롭다함을 받은 자들임을 기억해야 합니다. 세상을 판단할 자들이 세상의 판단을 받을 수 없다는 사실을 기억해야 합니다. 더 나아가 신자 간의 관계는 '형제'의 관계라는 사실을 기억해야 합니다. 성도 간의 문제는 교회 안에서 해결해야 합니다.

2

세상 법정이 아닌
교회 법정으로

(고전 6:1-11; 마 18:15-18)

✚ 고린도전서 6:1-11

"(1)너희 중에 누가 다른 이와 더불어 다툼이 있는데 구
태여 불의한 자들 앞에서 고발하고 성도 앞에서 하지 아
니하느냐 (2)성도가 세상을 판단할 것을 너희가 알지 못
하느냐 세상도 너희에게 판단을 받겠거든 지극히 작은 일
판단하기를 감당하지 못하겠느냐 (3)우리가 천사를 판단
할 것을 너희가 알지 못하느냐 그러하거든 하물며 세상
일이랴 (4)그런즉 너희가 세상 사건이 있을 때에 교회에
서 경히 여김을 받는 자들을 세우느냐 (5)내가 너희를 부
끄럽게 하려 하여 이 말을 하노니 너희 가운데 그 형제간
의 일을 판단할 만한 지혜 있는 자가 이같이 하나도 없느
냐 (6)형제가 형제와 더불어 고발할 뿐더러 믿지 아니하
는 자들 앞에서 하느냐 (7)너희가 피차 고발함으로 너희
가운데 이미 뚜렷한 허물이 있나니 차라리 불의를 당하
는 것이 낫지 아니하며 차라리 속는 것이 낫지 아니하냐
(8)너희는 불의를 행하고 속이는구나 그는 너희 형제로
다 (9)불의한 자가 하나님의 나라를 유업으로 받지 못할
줄을 알지 못하느냐 미혹을 받지 말라 음행하는 자나 우
상 숭배하는 자나 간음하는 자나 탐색하는 자나 남색하
는 자나 (10)도적이나 탐욕을 부리는 자나 술 취하는 자
나 모욕하는 자나 속여 빼앗는 자들은 하나님의 나라를
유업으로 받지 못하리라 (11)너희 중에 이와 같은 자들이
있더니 주 예수 그리스도의 이름과 우리 하나님의 성령
안에서 씻음과 거룩함과 의롭다 하심을 받았느니라"

✚ 마태복음 18:15-18

"(15)네 형제가 죄를 범하거든 가서 너와 그 사람과만 상
대하여 권고하라 만일 들으면 네가 네 형제를 얻은 것이
요 (16)만일 듣지 않거든 한두 사람을 데리고 가서 두세
증인의 입으로 말마다 확증하게 하라 (17)만일 그들의 말
도 듣지 않거든 교회에 말하고 교회의 말도 듣지 않거든
이방인과 세리와 같이 여기라 (18)진실로 너희에게 이르
노니 무엇이든지 너희가 땅에서 매면 하늘에서도 매일 것
이요 무엇이든지 땅에서 풀면 하늘에서도 풀리리라"

지난 내용 요약

신자 간에는 다투어서는 안 됩니다. 교회는 가족 공동체입니다. 신자와 신자의 관계는 단순한 인간관계가 아니라 형제 관계입니다. 신자와 신자의 관계는 다툼의 대상이 아니라 사랑의 대상입니다. 서로 용납하고 아껴주고 이해하는 관계입니다. 교회의 머리이신 우리 주 예수님께서는 이렇게 말씀하셨습니다.

"(34)새 계명을 너희에게 주노니 서로 사랑하라… (35)너희가 서로 사랑하면 이로써 모든 사람이 너희가 내 제자인 줄 알리라" (요 13:34-35)

그러므로 온 힘을 다해 서로 사랑해야 합니다. 그것이 바로 교회요 성도입니다.

그러나 우리의 죄성을 인정하지 않을 수 없습니다. 신자와 신자 사이에, 교회 안에 분쟁이 절대로 일어나지 않는다고 말할 수 없습니다. 우리의 연약함은 때때로 다툼과 분쟁과 갈등을 불러일으킵니다.

그렇다면 신자 간의 다툼, 분쟁, 갈등이 있을 때 어떻게 해야 합니까? 기본적인 방법은 화해(和解)입니다. 로마서 12:18을 보면 "할 수 있거든 너희로서는 **모든 사람과 더불어 화목하라**"라고 말씀합니다. 히브리서 12:14을 보면 "**모든 사람과 더불어 화평함과 거룩함을 따르라** 이것이 없이는 아무도 주를 보지 못하리라"라고 말씀합니다. 두 구절 모두 "모든 사람과 더불어"라고 했으니 하물며 신자 간에는 더욱 그리해야 합니다. 신자 간의 갈등은 화해로 해결해야 합니다. 이렇게 하는 것이 기본적인 해결 방법입니다.

문제는 화해가 안 될 경우입니다. 화해하면 가장 좋겠지만 우리의 연약한 죄성은 다툼을 일으킬 뿐만 아니라 도무지 화해하기 어려운 상황을 만들기도 합니다. 이럴 때는 어떻게 해야 합니까?

고린도전서 6:1에 나오는 "…불의한 자들 앞에서…"라는 표현을 보면, 당시 고린도교회의 어떤 신자가 신자와의 다툼에 대해 '세상 법정'에 그 문제를 가지고 간 것으로 보입니다. 이에 대해 사도 바울은 1절에서 "…구태여 불의한 자들 앞에서 고발하고 성도 앞에서 하지 아니하느냐?"라고 '수사 의문문'을 사용해서 질책합니다. 왜 교회 안에서가 아니라 세상 법정에 고소했느냐는 것입니다. 6절에도 역시 "형제가 형제와 더불어 고발할뿐더러 믿지 아니하는 자들 앞에서 하느냐?"라고 '수사 의문문'으로 꾸짖습니다.[1] 세상 법정에 고소한 것을 꾸짖고 있습니다. 1절과 6절, 이 두 구절 모두에서 사용된 '수사 의문문'은 우리가 이미 알고 있으면서도 늘 간과하는, 중요한 진리를 상기시키는 표현 방법입니다(참조. 고전 6:15, 16, 19).[2]

　이처럼 성경은 신자 간의 다툼이 있을 때 세상 법정에 가는 것을 금하고 있습니다. 불의한 자들에게(1절), 믿지 아니하는 자들에게(6절) 고소하는 것을 금하고 있습니다.

　만약 화해를 하려고 해도 안 되고, 세상 법정에 가는 것도 안 되면 도대체 어떻게 해야 합니까?

1　바울은 신자 간의 문제를 세상 법정에 송사한 것에 대해 비난하면서 수사 의문문을 연속적으로 사용합니다. 1, 3, 4, 5, 6, 9절에 각 1회, 2, 7절에 각 2회, 총 10회의 수사 의문문을 사용합니다. 신재철, 『성경과 신학의 창으로 본 소송 문제』, 53.

2　길성남, "형제가 형제와 더불어 소송하느냐?", 139.

본론 – 세상 법정이 아닌 교회 법정으로 가야 함

다음 해결책으로 교회 법정에 나아감

고린도전서 6:1은 "…성도 앞에서 하지 아니하느냐?"라고 말씀합니다. 이 말씀에 의하면 신자 간의 문제는 성도 앞에서 해결해야 합니다. 그리고 5절은 "…너희 가운데 그 형제간의 일을 판단할 만한 지혜 있는 자가 이같이 하나도 없느냐?"라고 말합니다. 5절 말씀의 의미는 다르게 표현하면, '교회 안에는 형제간의 다툼을 해결할 수 있는 성도들이 얼마든지 있다'는 말입니다.[3] 결국에는 1절과 같은 말씀입니다.

그러므로 신자와의 관계 속에서 다툼이 발생했을 때는 '성도 앞에서', '형제간의 일을 판단할 만한 지혜 있는 자 앞에서' 해결해야 합니다. 교회 바깥이 아닌 '교회 안에서' 해결해야 합니다.

교회 법정으로서의 치리회

방금 설명한 '성도 앞에서'라는 말과 '교회 안에서'라는 말, '형제간의 일을 판단할 만한 지혜 있는 자 앞에서'라는 말은 무슨 의미일까요? 몇몇 성도들 앞에 가서 '우리의 문제를 좀 해결해 주세요'라고 하면 되는 것입니까? 아니면 교회 안에 있는

---

3   신재철, 『성경과 신학의 창으로 본 소송 문제』, 69.

성도 중에 판사나 검사 혹은 변호사로 일하는 성도나 아니면 법대를 나온 성도에게 가서 해결하라는 말입니까?

아닙니다. 그냥 아무 성도 앞에서 하라는 말이 아닙니다. 교회 안에서 하기만 하면 된다는 말이 아닙니다.

이 말의 의미는 궁극적으로 교회 법정(Church Courts)인 치리회(治理會)를 통해서 해결하라는 말입니다. 신자 간의 문제는 세상 법정 대신 교회 법정으로서의 치리회 앞에서 해결해야 합니다.

그렇다면 치리회란 무엇입니까? 개체교회에서는 당회(堂會)를 말합니다. 좀 더 넓은 개념으로는 노회(老會)[4]와 총회(總會)가 있습니다.[5] 치리회가 교회 법정이니 치리회를 통해 문제를 해결하라는 말입니다.

당회, 노회, 총회라는 말은 얼핏 들어봤지만 '치리회'라는 말과 치리회가 곧 '교회 법정'이라는 말은 낯설 수 있습니다. 치리회라는 것이 도대체 무슨 말인가? 어떻게 당회나 노회, 총회가 교회 법정인가? 하고 궁금증이 있을 수 있습니다.

---

4 노회(老會, presbytery)란 장로회(長老會)를 줄인 말입니다. 두음법칙이 사용되기 전인 과거에는 로회(老會)라고 했습니다.

5 대한예수교장로회(고신) 헌법(2023년판) 정치 제9장 교회 치리회 제93조 (치리회의 구분); 대한예수교장로회(합신) 헌법(2021년판) 제3부 교회정치 제14장 교회 치리와 치리회; 대한예수교장로회(합동) 헌법(2018년판) IV. 정치 제8장 교회정치와 치리회 제1조 정치의 필요; 대한예수교장로회(통합) 헌법(2023년판) 제2편 정치 제9장 치리회 제60조 치리회의 구분.

이 사실을 바르게 이해하기 위해서 우리는 치리회(治理會)가 무엇인지를 생각해 보아야 하겠습니다. 치리회란 교회를 다스리는(治理) 모임(會)입니다. 가르치는 장로인 목사와 다스리는 장로인 치리장로로 구성된 기관인데, 하나님의 말씀과 신앙고백과 교회법에 따라 교회의 입법과 행정, 사법을 다룹니다.[6]

치리(治理)라는 말은 곧 '다스림'이라는 말인데, 다스림에는 '입법, 행정, 사법'이 모두 포함되어 있습니다. '입법'(立法)은 기본적으로 하나님께서 하십니다. 하나님의 말씀이 법입니다. 그런데 그 말씀에 근거하여 어떤 결정을 하는 것도 '입법'입니다. 이런 점에서 치리회는 입법의 기능을 하는 의회와 같습니다.[7] '법'인 하나님의 말씀과 그 법에 근거하여 정한 치리회의

---

6   칼뱅은 기독교강요에서 당회를 교회재판소라고 말합니다. 『기독교강요』, 4권 12장 2절. 당회란 교회 안의 정치기구입니다. 입법, 행정 및 사법을 담당하는 법정입니다. 웨스트민스터 신앙고백서 제30장 제1, 2절; Lawrence R. Eyres, *The Elders of the Church* (Phillipsburg: P&R, 1975), 홍치모 역, 『하나님이 세우신 장로』(서울: 총신대학 출판부, 1985), 41, 43, 134; 황규학, 『당회가 살아야 교회가 산다』(서울: 에큐메니칼 연구소, 2005), 15~18; John Murray, *Collected Writings of John Murray*, vol 1. (Edinburgh: The Banner of Truth Trust, 1976~1982), 박문재 역, 『조직신학 Ⅰ』(서울: 크리스챤다이제스트, 1991), 269.

7   여기에서 우리는 치리회의 결정이 얼마나 중요하고 신중해야 하는 것인지를 기억해야 합니다. 참조. 대한예수교장로회 (고신) 헌법(2023년판) 정치 제9장 교회 치리회 제96조 (치리회 결정의 성격) 1. 각 치리회는 고유의 권한은 있으나 독립된 개체는 아니므로 어느 회에서든지 법대로 결정된 사안은 총회 산하 교회가 준거(準據)할 수 있는 결정이 된다; 대한예수교장로회 (고신) 헌법(1992년판) 교회정치 제10장 교회 치리회 제76조 치리회의 관할 4. 각 치리회는 독립된 개체가 아니므로 어느 회에서든지 법대로 결정된 사안은 전국교회의 결정이 된다; 대한예수교장로회 합신 헌법(2021년판) 제3부 교회정치 제14장 제1조 치리회의 성격과 관할 2. 각 치리회는 각각 독립한

결정에 근거하여 교회의 일을 해 나가는 것이 행정(行政)입니다. 이런 점에서 치리회는 행정을 하는 행정부와 같습니다. 예배를 주관하고, 성례를 시행하고, 교인의 이명을 다루고, 공동의회를 소집하고, 직분자를 선택하고 고시하고 임직하며, 각종 헌금의 실시와 재정을 감독하는 일은 바로 행정입니다.[8] 이렇게 행정을 해 나가는 가운데에 일어나는 여러 가지 일로 인해 사법(司法)을 해야 할 필요가 있는데 바로 당회가 사법을 맡은 재판부입니다. 사법의 기능을 갖고 있는 당회는 범죄자와 증인을 소환하여 심문하고, 범죄한 증거가 명확할 때 시벌하고, 회개하는 자를 해벌하는 일을 합니다.[9]

개체가 아니요 서로 수평적으로 연합한 것이니, 어떤 회에서 어떤 일을 처결하든지 그 결정은 법대로 대표된 치리회로 행사하게 하는 것인즉, 전국 교회의 결정이 된다; 대한예수교장로회 (합동) 헌법(2018년판) IV. 정치 제8장 교회정치와 치리회 제2조 치리회의 성질과 관할 2. 각 치리회는 각립(各立)한 개체가 아니요 서로 연합한 것이니 어떤 회에서 어떤 일을 처결하든지 그 결정은 법대로 대표된 치리회로 행사하게 하는 것인즉 전국교회의 결정이 된다.

8 대한예수교장로회 (고신) 헌법(2023년판) 정치 제10장 당회 제117조(당회의 직무); 대한예수교장로회 (합신) 헌법(2021년판) 제3부 교회정치 제15장 당회 제4조 당회의 직무; 대한예수교장로회 (합동) 헌법(2018년판) IV. 정치 제9장 당회 제5조 당회의 직무; 대한예수교장로회 (통합) 헌법(2023년판) 제2편 정치 제10장 당회 제68조 당회의 직무.

9 대한예수교장로회 (고신) 헌법(1992년판) 교회정치 제85조 당회의 직무 제9항에 있었던 "당회는 범죄자와 증인을 소환하여 심문하고, 필요한 경우에는 본 교회 교인이 아니라도 증인으로 소환 심문할 수 있고, 범죄한 증거가 명확할 때 시벌하고, 회개하는 자를 해벌한다"의 내용이 2011년 개정헌법에서 삭제되었습니다. 이 직무를 생략한 것은 개정판의 결정적 오류입니다. 왜냐하면 당회는 본래 '교회 법정'(Church Courts)이기 때문입니다. 종교개혁 직후 당회를 지칭하는 여러 용어 중에 하나가 바로 '교회 법정'이었습니다. 고

그래서 대한예수교장로회 (고신) 헌법 정치 제9장 교회 치리회 제95조 (치리회의 권한)에는 '각 치리회는 교회의 질서와 성결과 평화를 유지하기 위하여 헌법과 교회 규례에 따라 **행정과 권징**을 행사하고 필요한 때에는 헌법에 근거하여 **자체 규칙을 제정**할 수 있다'라고 되어 있습니다.[10] 치리회가 곧 입법, 행정, 사법을 맡은 기관임을 잘 드러내고 있습니다.

교회는 세상과 구분됩니다. 그래서 정교분리(政敎分離)의 원칙이 있습니다.[11] 이 원리에 따라 세상은 세상의 정치가 다스리며, 교회는 교회의 정치기구인 치리회가 다스립니다. 교회의 치리회는 교회의 입법, 행정기관이면서 또한 동시에 사법기관으로서 교인 간에 일어난 문제에 대해 교회의 성결과 화평을 목적으로 분별하고 재판할 수 있는 권한이 있습니다. 이러한 치리회의 권위는 교회의 머리이시며 교회를 다스리시

신총회 헌법해설발간위원회, 『헌법해설: 예배지침/교회정치/권징조례』(서울: 총회출판국, 2014), 교회정치 제347문답. 고신 총회는 2023년에 헌법을 개정했는데, 거기에도 위 내용은 포함되지 않았습니다.

한편, 합신, 합동, 통합 헌법에는 이 내용이 그대로 나와 있습니다.

10 대한예수교장로회 (통합) 헌법(2023년판) 제2편 정치 제9장 치리회 제63조 치리회의 권한에는 "치리회는 교인으로 하여금 도덕과 영적 사건에 대하여 그리스도의 법에 복종케 하는 것이다. 치리회는 교회의 평화와 질서를 유지하며 행정과 권징의 권한을 행사한다. 각급 치리회는 헌법에 규정하는 바에 의하여 자체의 규칙을 제정할 수 있다."라고 되어 있습니다.

11 장로교 헌법 교회정치원리 제2조 (교회의 자유) 제2항; 대한민국 헌법 제20조 제2항.

는 예수 그리스도로부터 부여받았습니다.[12]

마태복음 18:15-18을 통해 증명함

이 사실을 마태복음 18:15-18을 통해서 살펴볼 필요가 있습니다. 15절에 보면 어떤 형제가 죄를 범했습니다. '형제'라는 표현은 고린도전서 6:5, 6, 8을 통해서 살펴본 것처럼 신자 간의 관계를 나타내는 말로써 믿음의 가족, 교회의 지체라는 의미입니다. 그리고 여기에서 말하는 죄는 죄를 지은 사람 개인에 대한 것일 수 있으나 다른 신자와의 관계에서 일어난 문제일 수 있습니다. 이 사실을 개역개정판의 난외주에 "어떤 사본에, 네게 죄를"이라고 해 둔 것을 통해서 알 수 있습니다. 그래서 15절을 다르게 표현하면, "네 형제가 네게 죄를 범하거든…"이라고 할 수 있습니다. 신자 간에 일어난 문제라고 할 수도 있습니다.

이때 어떻게 해야 하는지 과정을 설명하면서 17절에 "만일 그들의 말도 듣지 않거든 **교회**에 말하고…"라고 말합니다. 여기에서의 '교회'는 무엇을 가리키는 것일까요? '교회 법정'인 치리회를 의미합니다. 그리고 18절은 이 치리회에 천국의 열

---

12   웨스트민스터 신앙고백서 23장 3절, 30장 1절; 장로교 헌법 교회정치원리 제8조 (권징); 대한예수교장로회 (고신) 헌법 권징 제1장 총칙 제1조 (권징의 의의); 대한예수교장로회 (합신) 헌법 제4부 권징조례 제1장 제1조; 대한예수교장로회 (합동) 헌법 VI. 권징조례 제1장 제1조 권징의 의의; 대한예수교장로회 (통합) 헌법 제3편 권징 제1장 제1조 권징의 뜻.

쇠가 맡겨져 있음을 말씀하고 있습니다(참조. 마 16:19; 웨스트민스터 신앙고백서 30장 2절). 교회의 치리회에 사법 권한이 있는 것입니다.

웨스트민스터 신앙고백서 제30장 1절을 통해 증명함

이 사실은 마태복음 18:15-18만이 아니라 장로교회의 신앙고백인 웨스트민스터 신앙고백서 제30장 1절에 나오는 설명을 통해서도 알 수 있습니다. [13]

> **웨스트민스터 신앙고백서**
> **제30장 교회의 권징(勸懲)에 관하여**
>
> 1. 자기 교회의 왕이요 머리이신 주 예수님께서는 국가 위정자와는 구별하여 교회 직원들의 손에 치리(治理)를 맡기셨다. [1]
>
> 1) **살전 5:12**; 사 9:6, 7; 마 28:18-20; **행 20:17, 18**; 고전 12:28; **딤전 5:17**; 히 13:7, 17, 24

교회의 머리이신 예수님께서는 국가와 구별하여 교회의 치

---

13   웨스트민스터 신앙고백서 제30장 제1절은 장로교 헌법 교회정치원리 제3조 (교회의 직원)에도 반영되어 있습니다.

리를 교회 직원들의 손에 맡기셨다고 합니다.

그렇다면 여기에서 말하는 교회의 '직원'은 누구입니까? 근거 구절로 인용되고 있는 데살로니가전서 5:12을 봅시다. "…너희 가운데서 수고하고 주 안에서 너희를 **다스리며 권하는 자들**…"이라고 말합니다. "다스리며 권하는 자들"은 '장로와 목사'를 말합니다(참조. 딤전 5:17). 또 다른 근거 구절인 사도행전 20:17을 봅시다. "바울이 밀레도에서 사람을 에베소로 보내어 **교회 장로들**을 청하니"라고 말합니다. 이 구절은 '교회 장로들'을 언급합니다. 장로는 궁극적으로는 목사와 장로를 말합니다. 디모데전서 5:17을 봅시다. "잘 다스리는 장로들은 배나 존경할 자로 알되 말씀과 가르침에 수고하는 이들에게는 더욱 그리할 것이니라"라고 말씀합니다. 여기에서도 다스리는 장로와 말씀과 가르침에 수고하는 장로인 목사를 말하고 있습니다.

세 구절에서 보듯이 교회의 치리는 목사와 장로에게 맡겨졌습니다. 그러므로 목사와 장로로 구성된 당회, 노회, 총회는 치리회로서 교회를 다스리는 자들이요, 교회의 다스림에는 사법(司法) 기능이 포함되어 있습니다.

하이델베르크 요리문답 제85문답

이와 관련하여 개혁교회의 요리문답인 하이델베르크 요리문답 제85문답도 참조할 만합니다.

하이델베르크 요리문답

85문: 교회의 권징을 통해서 어떻게 천국이 닫히고 열립니까?

답: 그리스도의 명령에 따라, 그리스도인의 이름을 가진 자가
교리나 생활에서 그리스도인답지 않을 경우, 먼저 형제로
서 거듭 권고할 것입니다. 그렇지만 자신의 오류나 악행에
서 돌이키기를 거부한다면, 그 사실을 **교회 곧 치리회(治
理會)its officers**에 보고해야 합니다. 그들이 교회의 권고
를 듣고도 돌이키지 않으면, 성례에 참여함을 금하여 성
도의 사귐 밖에 두어야 하며, 하나님께서도 친히 그들을
그리스도의 나라에서 제외시킬 것입니다.[1] 그러나 그들이
참으로 돌이키기를 약속하고 증명한다면, 그들을 그리스
도의 지체(肢體)와 교회의 회원으로 다시 받아들입니다.[2]

1) 마 18:15-18; 고전 5:3-5,11; 살후 3:14-15; 딤전 5:20; 요이 10-11   2) 눅 15:20-24;
고후 2:6-8

여기에도 보면 마태복음 18:15-18에서 말씀하는 교회가
곧 치리회임을 밝히고 있습니다.

목사, 장로: 치리자와 재판관

목사는 설교하는 사람, 장로는 심방이나 교회의 행정적인 일을 하는 사람, 이렇게만 생각하는 분들에게는 목사와 장로에게 맡겨진 재판에 관한 권한이 이해되지 않을 수 있습니다. 하지만 이 두 직분의 중요한 일에는 교회 안에 일어난 분쟁에 대하여 성령님께서 주신 지혜를 따라 재판하는 권한이 있습니다.

목사와 장로 같은 직분자가 재판의 일을 하는 직분이라는 사실은 구약성경의 몇몇 구절들을 통해서 알 수 있습니다.[14] 출애굽기 18:13에 "이튿날 모세가 백성을 재판하느라고 앉아 있고 백성은 아침부터 저녁까지 모세 곁에 서 있는지라"라고 말씀합니다. 모세는 구약교회의 직분자였습니다. 그를 신약교

---

14 '장로(長老)'를 단순히 그 단어에 나타난 대로 '나이 많은' 혹은 '연륜이 있는'으로 이해하는 경우가 있으나 잘못된 이해입니다. 구약의 장로의 중요한 역할은 치리와 관련이 있습니다. 이와 관련한 좋은 자료로 다음을 참조하시기 바랍니다. 김헌수, "백성의 장로와 하나님의 장로―구약시대의 장로에 대하여," 『성약 출판소식』, 56-57호 (서울: 성약출판사, 2006); John Murray, *Collected Writings of John Murray*, vol 1. (Edinburgh: The Banner of Truth Trust, 1976-1982), 박문재 역, 『조직신학 II』(서울: 크리스챤다이제스트, 1991), 351; Herman Bouwman, *Gereformeerde Kerkrecht*, I (1928), 523; Cormelis Van Dam, *The Elder: Today's Ministry Rooted in All of Scripture* (Phillipsburg: P&R, 2009), 41-59. 특별히 Van Dam은 구약의 재판에 관한 본문들(출 18:21-27; 신 1:15-17; 16:18-21; 21:18-21; 룻 4:1-12; 대하 19:6)과 관련하여서 장로의 치리권과 잘 연관시키고 있습니다. Van Dam, *The Elder*, 61-95. Van Dam의 책은 『성경에서 가르치는 장로』(성약출판사)라는 제목으로 번역되어 있습니다.

회의 직분에 연결시켜 본다면 목사요 또한 장로였습니다. 그러한 모세는 재판의 역할을 감당했으니 곧 직분자는 재판장이라는 사실을 보여줍니다. 이어서 나오는 출애굽기 18:21-22을 보면 "(21)너는 또 온 백성 가운데서 **능력 있는 사람들** 곧 하나님을 두려워하며 진실하며 불의한 이익을 미워하는 자를 살펴서 백성 위에 세워 천부장과 백부장과 오십부장과 십부장을 삼아 (22)그들이 때를 따라 **백성을 재판하게 하라** 큰일은 모두 네게 가져갈 것이요 작은 일은 모두 그들이 스스로 재판할 것이니 그리하면 그들이 너와 함께 담당할 것인즉 일이 네게 쉬우리라"라고 말씀합니다. 이 본문에 따르면 구약교회가 모세 외에 또 다른 '능력 있는 사람들'을 직분자로 세운 중요한 이유는 구약교회인 이스라엘 공동체에 일어난 문제에 대해 재판하는 일을 감당키 위함입니다. 신명기 16:18을 보면 "네 하나님 여호와께서 네게 주시는 각 성에서 네 지파를 따라 **재판장들**과 지도자들을 둘 것이요 그들은 공의로 백성을 재판할 것이니라"라고 해서 구약교회에 재판장의 역할을 감당하는 직분자가 세워졌음을 알 수 있습니다. 신명기 21:18-21을 보면, 어떤 문제(18절)에 대해서 장로들에게 판단을 구하는 모습(20절)을 볼 수 있습니다. 마지막으로 룻기 4:2-4입니다. "(2)보아스가 그 성읍 **장로** 열 명을 청하여 이르되 당신들은 여기 앉으라 하니 그들이 앉으매 (3)보아스가 그 기업 무를

자에게 이르되 모압 지방에서 돌아온 나오미가 우리 형제 엘리멜렉의 소유지를 팔려 하므로 (4)내가 여기 앉은 이들과 내 백성의 장로들 앞에서 그것을 사라고 네게 말하여 알게 하려 하였노라…" 베들레헴 성읍에는 '장로'가 있었는데 그들은 '재판'과 관련된 일을 하는 자들이었습니다.

이러한 성경 말씀에 근거해 볼 때, 가르치는 장로인 목사와 다스리는 장로로 이루어진 당회가 하는 여러 가지 일 중 중요한 직임 가운데 하나는 '재판'입니다. 치리회는 신자 간에 일어난 문제, 교회 안에서 일어난 문제를 해결하는 사법 기관입니다.

그러므로 신자는 신자와 신자 간에 일어난 일에 대해 세상 법정이 아닌 교회 법정에 가져가야 합니다. 교회의 치리를 목사와 장로에게 맡기신 그리스도의 뜻에 따라 세상의 치리회가 아닌 교회의 치리회로 우리의 문제를 들고 가야 합니다.

세상 법정이 아닌 교회 법정에서 해결해야 하는 또 다른 이유

여기에서 우리는 왜 신자 간에 일어난 문제를 세상 법정이 아닌 교회 법정으로 가져가야 하는지, 또 다른 이유에 대해 생각해 볼 필요가 있습니다.

그 이유는 세상과 교회는 진리와 정의와 윤리의 기준이 다르기 때문입니다.[15] 법리(法理)가 다릅니다. 세상과 교회가 진리와 정의와 윤리의 기준이 다르다 보니 그 법의 내용과 적용되는 절차도 다를 수밖에 없습니다. 어떤 문제에 대해 세상 법정은 죄라고 판결하는 것이 교회의 치리회에서는 죄가 아니라고 판결할 수 있고, 세상 법정이 죄가 아니라고 하는 것이 교회 법정에서는 죄라고 할 수 있는 것이 있습니다. 또한 세상 법정과 교회 법정이 동일하게 죄라고 판단했다 하더라도 그 죄의 경중에 대한 판단과 그 해결방식이 세상 법정과 교회 법정 사이에 차이가 있을 수 있습니다. 왜냐하면 세상과 교회가 법과 기준이 다르기 때문에 관점도 다르고 판결도 다르기 때문입니다.

이와 관련된 한 예로 하이델베르크 요리문답 제110문답을 보면

---

15   Morris, *1 Corinthians*, 93; David VanDrunen, *Living in God's Two Kingdoms: A Biblical Vision for Christianity and Culture* (Wheaton: Crossway, 2010), 윤석인 옮김, 『하나님의 두 나라 국민으로 살아가기: 기독교 세계관에 기초한 균형 잡힌 기독교인의 삶』(서울: 부흥과개혁사, 2012), 184-195.

하이델베르크 요리문답

110문: 제8계명에서 하나님께서 금하신 것은 무엇입니까?

답: 하나님께서는 국가가 법으로 처벌하는 도둑질과[1] 강도질만을[2] 금하신 것이 아니고, 이웃의 소유를 자기의 것으로 삼으려고 시도하는 모든 속임수와 간계를 도둑질이라고 말씀하십니다.[3] 이런 것들은 폭력으로 혹은 합법성을 가장하고서 일어날 수 있는데 곧 거짓 저울이나 자size나 되volume,[4] 부정품, 위조 화폐와 고리대금과 같은 일, 기타 하나님께서 금하신 일들입니다.[5] 하나님께서는 또한 모든 탐욕을 금하시고,[6] 그의 선물들이 조금이라도 잘못 사용되거나 낭비되는 것을 금하십니다.[7]

1) 출 22:1; 고전 6:10   2) 레 19:13   3) 눅 3:14; 고전 5:10   4) 신 25:13-15; 잠 11:1; 16:11; 겔 45:9-10   5) 시 15:5; 눅 6:35   6) 눅 12:15; 엡 5:5   7) 잠 21:20; 23:20-21; 눅 16:10-13

라고 되어 있습니다. 이 요리문답에 의하면 하나님께서 금하시는 도둑질은 국가가 법으로 처벌하는 것만이 아니라 다른 것까지도 포함하고 있습니다. 그래서 '도둑질'의 경우 국가의 법에 비해 하나님의 법이 그 범위가 훨씬 더 넓습니다. 이처럼 세상의 기준과 하나님의 기준은 전혀 다릅니다.

그래서 하나님의 법과 기준에 비추어 도둑질에 해당하는 문제를 세상 법정에 가져간다면 어떤 때는 무죄로 판정받을 수가 있습니다. 예를 들어, 어떤 신자가 상당한 어려움에 처한 다른 신자에게 돈을 빌려주었습니다. 이때 제법 높은 이자를 요구했습니다. 시간이 흘러 돈을 빌린 사람이 사정이 어려워서 갚지 못하자 독촉을 하게 되고 이 문제로 분쟁이 생겼습니다. 이에 대해서 세상 법정은 돈을 빌린 사람을 처벌할 것입니다. 돈을 빌려놓고 갚지 못했으니 말입니다. 교회 법정은 오히려 돈을 빌려준 사람을 벌할 것입니다. 왜냐하면 어떤 신자가 상당한 어려움에 처했다면 아무런 대가를 바라지 않고 도와주거나 아니면 교회의 집사회에 말하여 구제할 수 있도록 해주거나 아니면 이자 없이 원금만 갚도록 하여 빌려주거나 아니면 아주 적은 이자만 받고 빌려주어야 하는데 그렇게 하지 않았기 때문입니다.

또 다른 예를 들어보면 어떤 신자가 복권을 구입했습니다. 그런데 이때 복권을 구입하는 비용을 다른 신자와 함께 지불했습니다. 그런데 복권에 당첨되었습니다. 이때 당첨금을 어떻게 나눌 것인지에 대해서 분쟁이 생겼을 경우 세상 법정은 나름의 원리를 따라 나눠 갖도록 판결을 내릴 것입니다. 하지만 이 문제를 교회 법정으로 가져갔을 경우 그 판결은 완전히 다르게 나올 것입니다. 교회의 법정은 두 사람을 모두 '처벌'할 것입니다. 왜냐하면 신자는 복권을 사는 것이 바람직하지 않기 때문입니다.

또 다른 예로 어떤 신자가 혼전 성관계를 했을 때 그것을 세상 법정에 고소하면, "왜 이런 문제를 고소합니까?"라고 할 것이고, 고소를 받아주지 않을 것입니다. 그러나 이 문제를 교회 법정에 가지고 가면, 6개월 이상의 수찬 정지라는 상당히 강한 시벌을 받을 가능성이 높습니다.

어느 부부가 성격 차이로 인한 오랜 갈등 때문에 생긴 이혼 문제[16]를 세상 법정에 가져가면 이혼하라고 판결하면서 재산분할 문제까지 자세하게 판단 내리겠지만, 교회 법정에서는 하나님이 짝지어 주신 것을 사람이 나눌 수 없다고 판결할 것입니다.

어떤 사람이 예배를 방해했습니다. 목사가 설교하는데 강대상에 올라와서 마이크를 빼앗고 설교원고를 찢었습니다. 이 일을 막기 위해서 그 사람을 끌어내리다가 그 사람에게 부상을 입혔습니다. 이에 대해서 세상 법정은 어떻게 판단하겠습니까? 교회의 치리회는 어떻게 판단하겠습니까? 판단도 다를 것이고 벌의 강도도 다를 것입니다.

---

16   이혼은 부부간의 갈등과 다툼에서 비롯되는 것으로써, 부부가 신자라면 이혼 문제는 이 책에서 다루고 있는 '신자와 신자 간의 다툼이 있을 때'에 직접적으로 해당하는 문제라고 할 수 있습니다.

또 다른 예로 세상 법정은 A라는 사람이 잘못했고 B라는 사람은 잘못하지 않았을 때 A라는 사람에게만 벌을 내릴 수 있습니다. 그런데 교회 법정은 A만 아니라 B에게도 어느 정도의 책임을 물을 수 있습니다. 아니면 A와 B가 그냥 서로 화해하라고 판결을 내릴 수도 있습니다. 왜냐하면 교회법의 가장 우선은 화평이기 때문입니다.[17]

우리는 성경에서도 그 예를 찾아볼 수 있습니다. 여호수아서 7장에 나오는 아간의 범죄와 레위기 10장에 나오는 나답과 아비후, 사도행전 5장에 나오는 아나니아와 삽비라는 세상의 관점에서 볼 때는 그렇게 큰 죄가 아닙니다. 그러나 성경에서는 죽어야 할 정도의 큰 죄로 취급되었습니다. 이는 세상과 하나님의 기준이 다름을 보여줍니다. 이렇게 교회의 평가 기준은 세상과 다릅니다.

---

17 교회의 '법'(권리)은 그리스도께서 십자가에서 획득하신 '의'(義)라는 '특별 은혜'에서 나온 '법'(권리)입니다. 즉, 교회의 법은 의인으로서 모든 신자와 모든 회중의 권리를 가리키며, 은혜로 회복된 의/화평의 권리를 가리킵니다. 이 점에서 세상법과 교회법이 대조됩니다. 세상의 법과 질서 역시 '의'(정의: Ius)를 말하지만 정죄와 보응을 목표로 하는 반면, 교회의 법은 그리스도 안에 있는 의와 화평을 드러내기 위한 목표를 가지고 있기 때문입니다. 그래서 교회법은 법이나 규정 그 자체 나아가 시벌 자체가 목적이 아니라, 죄 용서와 화평이 목적이 되어야 합니다(고전 14:33, 40).
대한예수교장로회 (고신) 헌법 정치 제9장 제92조 치리회의 의의 제2항; 대한예수교장로회 (합신) 헌법 제3부 교회정치 제14장 제1조 치리회의 성격과 관할; 대한예수교장로회 (합동) 헌법 IV. 정치 제8장 교회정치와 치리회 제2조 치리회의 성질과 관할; 대한예수교장로회 (통합) 헌법 제2편 정치 제9장 치리회 제62조 치리회의 관할

이처럼 동일한 사안이라 하더라도 세상 법정에 갔을 때와 교회 법정에 갔을 때 그 결과가 전혀 혹은 조금씩 다를 수 있습니다. 이러한 이유 때문에 신자 간에 일어난 문제는 세상 법정이 아닌 교회 법정으로 가져가야 합니다. 하나님의 다스림을 받는 신자 간에 일어난 문제이니 세상의 기준이 아닌 하나님과 교회의 기준에 따라 판단을 받아야 합니다.

비록 신자는 세상과 교회 둘 다에 속해 있어서 두 나라의 법을 모두 지켜야 하지만, 두 법이 서로 배치될 때가 있습니다. 이때는 교회법을 우선으로 해야 합니다. 왜냐하면 우리는 무엇보다도 하나님과 교회가 가르치는 진리와 정의에 따라 살아가야 하는 자들이기 때문입니다.

이 책의 앞부분에서 언급한, 경남의 어느 교회에서 혼전 임신 문제로 권징을 받은 교인이 목사를 세상 법정에 고소한 일은 이러한 원리에 대한 기본 이해가 없이 저지른 심각한 범죄입니다.

어떠한 문제든지 교회로

교회 법정으로 가져가야 할 것은 신자와 신자 간의 민사(民事) 상 문제만이 아닙니다. 형사(刑事) 상의 문제도 마찬가지입니다. 왜냐하면 교회의 기준과 세상의 기준이 다르기 때문입니다. 그래서 일단은 교회의 기준에 따라 어떻게 하는 것이 바람직한지를 먼저 판단 받아야 합니다. 그리고 교회 법정의 판단에 따라 형사상의 문제의 경우 세상의 벌을 받아야 할 때가 있으니 그때는 교회 법정의 결정과 가르침에 따라 해야 합니다.

뿐만 아니라 신자는 세상에서 일어나는 일과 관련하여 해결하기 어려운 것이 있을 때 교회의 치리회인 당회에 먼저 물어야 하고, 당회는 성경 말씀과 신앙고백과 교회법에 따라 그 문제를 판단해야 합니다. 당회가 해결하지 못한다면 더 넓은 치리회인 노회에 묻고, 노회가 해결하지 못하면 더 넓은 치리회인 총회에 물어야 합니다. 이렇게 하는 것이 하나님의 다스림을 받는 신자의 합당한 태도이자 삶의 방식입니다. 하나님 중심 성경 중심 교회 중심으로 살아가는 신자의 삶의 원리인 것입니다.

교회의 치리를 받는 성도들

성도는 하나님의 다스림을 받고 있습니다. 더불어 교회의 치리를 받고 있습니다. 이러한 성도들 간에 일어난 문제에 대해 하나님께서 제정하신 법보다도 먼저 세상법의 판단을 받는 것이 어찌 가능합니까? 우리가 지켜야 할 절대적인 법은 하나님께서 친히 제정하셨으니 하나님의 판단을 받아야 하며, 이 일에 하나님께서 세우신 직분자와 그들이 속한 치리회의 판단을 받는 것은 너무나 당연한 일이 아닙니까?

교회 법정의 존재를 인정하기 위한 우리의 고백

그럼에도 오늘날 상당수의 그리스도인이 교회 법정을 무시하고 세상 법정으로 바로 가는 경우가 많습니다. 그렇게 되지 않기 위해서 어떻게 해야 합니까?

다음의 다섯 가지 사실이 함께 동반되어야 합니다.

첫째, 직분자(재판관) 선출에 있어서의 신중함.

둘째, 세워진 직분자에 대한 존경.

셋째, 치리회(교회 법정)의 결정에 대한 순종.

넷째, 권징의 영적 엄중함에 대한 인식.

다섯째, 치리회원들의 공정한 재판.

1) 직분자(재판관) 선출에 있어서의 신중함

신자 간의 다툼이 있을 때 그 문제를 판단하는 교회 법정의 재판관은 목사와 장로입니다. 이런 점에서 우리는 직분자를 선출할 때 항상 신중해야 합니다.

우리가 사는 대한민국의 경우 삼권분립 체제를 갖고 있습니다. 그럼에도 항상 문제 시 되는 것 중에 하나가 다른 선진국과 달리 대한민국의 사법부는 투표에 의해 선출되지 않는다는 것입니다. 그래서 한국의 사법부를 가리켜 '선출되지 않은 권력'이라는 비판을 많이 합니다.

반면 교회의 사법부는 회중에 의해 선택된 재판관입니다. 목사와 장로는 하나님께서 세우지만 또한 동시에 회중에 의해 선택된 자들이기도 합니다(행 6:3, 5; 14:23). 이런 점에서 회중은 목사와 장로를 신중하게 선택해야 합니다.

한국교회 안에 '직분자'에 대한 이해가 잘못된 경우가 많습니다. 장로가 되는 것을 명예직으로 생각합니다. 돈 많은 사람, 학식 있는 사람, 인격이 훌륭한 사람을 장로로 세웁니다. 하지만 장로는 교회의 치리자입니다. 교회를 다스리는 사람입니다. 치리회를 구성하는 목사와 장로는 영적인 분별력을 가지고 교회 안의 여러 가지 일을 판단해야 할 자들입니다. 그러므로 고린도전서 6:5 말씀에 있는 것처럼 "…형제간의 일을 판단할 만한 지혜 있는 자…"를 직분자로 선출해야 합니다. 말씀의 진리를 바르게 이해하고 분별할 줄 알아서 형제간의 일을 판단할 만한 지혜를 가진 사람이 목사가 되고 장로가 되어야 합니다. 그래야 교회 법정이 제대로 세워질 수 있습니다. 그렇지 않고 하나님나라의 가치를 알지 못하고 분별할 줄도 모르는 사람이 치리자가 된다면 이는 교회에 심각한 문제가 됩니다. 이 외에도 디모데전서 3:1-7과 디도서 1:6-9에서 말씀하고 있는 사람을 목사와 장로로 선출해야 합니다. 하나님은 이 일을 우리(회중)에게 맡기셨습니다. 그렇기에 직분자를 선출할 때는 아무 생각 없이 투표하는 것이 아니라 매우 신중하게 하나님의 뜻을 구하며 선출해야 하고, 앞으로 그들의 치리를 받을 것을 염두에 두어야 합니다.

2) 세워진 직분자에 대한 존경

회중은 자신들이 선택한 치리회원의 권위를 존중해야 합니다. 치리회원은 회중의 손에 의해 선택되었을 뿐만 아니라 웨스트민스터 신앙고백서 제30장 1절에서 고백하고 있는 대로 "자기 교회의 왕이요 머리이신 주 예수님께"로부터 그 권위를 위임받았습니다. 그러므로 치리회원을 존중해야 합니다. 목사와 장로를 존중해야 합니다(딤전 5:17; 벧전 5:5; 히 13:17). 그들의 사역을 인정해야 합니다(살전 5:12; 벨기에 신앙고백서 제31조).

안타깝게도 오늘날 많은 교회에서 목사와 장로가 존경을 받지 못합니다. 회중이 선출했음에도 불구하고 회중이 그들을 적대시하는 경우가 허다합니다. 이는 하나님께서 회중으로 하여금 그들을 택하게 하셨고, 직분자로 하여금 회중을 치리하게 하신 하나님의 뜻을 거스르는 것입니다.

3) 치리회(교회 법정)의 결정에 대한 순종

재판은 반드시 순종이 뒤따라야 합니다. 판결에 순종하지

않으면 무의미합니다. 세상 법정에서도 마찬가지입니다. 하물
며 교회 법정의 권위와 결정을 순종하는 것은 당연합니다. 교
회가 어떤 판단을 내리더라도 그것을 믿고 따르고자 하는 자
세를 가져야 합니다.[18] 만약 순종하지 않는다면 치리회를 무
시하는 일일 뿐만 아니라 궁극적으로는 그들을 세우셔서 다
스리시는 교회의 머리 되신 그리스도를 무시하는 것임을 기
억해야 합니다.

4) 권징의 영적 엄중함에 대한 인식

교회 법정의 판결에 따른 시벌은 세상 법정의 그것과 다
릅니다. 벌금을 내게 한다든지, 재산을 빼앗는다든지, 감금
혹은 구속한다든지 하지 않습니다.[19] 대신 영적인 벌을 내립
니다. 견책(譴責), 근신, 시무 정지, 정직, 면직, 수찬 정지, 출
교 등의 벌을 내립니다.[20] 이러한 벌은 세상 법정이 내린 벌
과 다릅니다.

---

18   이광호, 『고린도전후서』, 126.

19   중세 시대의 종교재판은 재산몰수형, 종신징역형, 신체형, 생명형 같은 벌
      을 내렸습니다. 고신총회, 『헌법해설: 예배지침/교회정치/권징조례』(서울:
      총회출판국, 2014), 제3부 권징조례 제6문답

20   웨스트민스터 신앙고백서 제30장 4절; 대한예수교장로회 (고신) 헌법 권
      징 제1장 총칙(總則) 제11조 (시벌의 종류와 내용); 대한예수교장로회 (합
      신) 헌법(2021년판) 제4부 권징조례 제1장 총칙 제5조 권징의 종류; 대한
      예수교장로회 (통합) 헌법(2023년판) 제3편 권징 제1장 총칙 제5조 책벌의
      종류와 내용.

간혹 '견책 정도야 뭐, 수찬 정지 정도야 뭐'라는 생각을 가질 수 있습니다. 하지만, 신자는 그러한 생각을 버려야 합니다. 비록 우리 몸에 대한 형벌은 아니지만, 우리 영혼에 대한 벌로서 그 어떤 징역형보다도 무서운 것임을 기억해야 합니다. 그 영적 엄중함을 인식해야 합니다.

또한 교회 법정이 내리는 시벌은 국가의 세속법과 달리 공권력에 의한 강제가 없습니다. 설령 누군가가 그것을 받아들이지 않는다 해도 실제적인 제재방안이 없습니다. 자발적으로 지켜야 합니다. 하나님의 백성들은 교회법 자체가 갖고 있는 구속력에 자발적으로 순복해야 합니다.

안타깝게도 세속 풍조에 깊이 젖어 있는 한국교회 안에서는 이러한 하나님의 진노는 대수롭지 않게 여기고, 사회법적 구속력을 가진 법원에서 내리는 판결에는 엄격하게 순종하려는 풍조가 은연중에 있습니다. 이는 세속적 가치관이자 세속적 사고방식입니다.

5) 치리회원들의 공정한 재판[21]

법정의 결정에 순복하기 위해서는 반드시 공정한 재판이 이루어져야 합니다. 법원의 결정이 법대로 이루어지지 않고

---

21   대한예수교장로회 (고신) 헌법(2023년판) 권징 제1장 총칙 제7조(시벌의 원칙) 제6항.

오락가락한다면 아무도 법원의 결정을 신뢰할 수 없습니다.

교회 법정도 마찬가지입니다. 만일 치리회가 공정하게 판결하지 않는다면 교인들은 치리회를 불신하게 되고, 자신들의 문제를 치리회가 아닌 세상 법정으로 가져갈 것입니다. 실제로 오늘날 많은 그리스도인들이 신자 간의 문제를 교회 법정이 아닌 세상 법정으로 가져가는 이유가 치리회에 대한 불신 때문입니다. 교회 법정은 도무지 믿지 못하겠으니 세상 법정으로 가는 것이 더 낫다고 생각합니다. 신자마저 세상 법정이 더 공정하다고 믿습니다. 이러한 생각들이 만연하여 교회회원이 교회 법정으로 가지 않고 세상 법정으로 간 것에 대해서 정죄하려면 무엇보다도 교회 법정으로서의 치리회가 공정한 재판을 하는 기관으로서의 역할을 다해야 합니다. 교회 법정이야말로 하나님의 공의가 가장 잘 드러나는 곳임이 교회와 세상 가운데 드러나야 합니다.

이를 위해 교회 법정의 재판관들인 목사와 장로는 공정한 재판을 하기 위해 노력해야 합니다. 출애굽기 23:6 "너는 가난한 자의 송사라고 정의를 굽게 하지 말며" 신명기 16:19 "너는 재판을 굽게 하지 말며 사람을 외모로 보지 말며 또 뇌물을 받지 말라 뇌물은 지혜자의 눈을 어둡게 하고 의인의 말을 굽게 하느니라" 신명기 1:16-17 "(16)내가 그때에 너희의 재판장들에게 명하여 이르기를 너희가 너희의 형제 중에서 송사를 들을 때에 쌍방 간에 공정히 판결할 것이며 그들 중에 있는 타국인에게도 그리할 것이라 (17)재판은 하나님께 속한 것인즉 너희는 재판할 때에 외모를 보지 말고 귀천을 차별 없이 듣고 사람의 낯을 두려워하지 말 것이며 스스로 결단하기 어려운 일이 있거든 내게로 돌리라 내가 들으리라 하였고"라는 말씀을 따라 교회 안에 일어난 일에 대해서 최대한 객관적 위치에서 판결을 내릴 수 있는 지혜를 갖추어야 합니다.

세상 법관들은 전문적인 법 지식을 가진 사람들입니다. 어려운 법학 공부의 과정을 거쳤고, 사법시험을 통과했으며 사법연수원에서 고강도 훈련을 받고 다년간의 재판 경험이 있는 자들입니다. 치리회원인 목사와 장로들은 그에 못지않게 공정한 재판을 하기 위해 힘써야 합니다. 세상 법률 지식을 익혀야 한다는 것은 아닙니다. 세상법과는 비교할 수 없는 하나님의 말씀을 끊임없이 연구하고, 말씀이 드러내고 있는 하나님의 나라의 가치와 기준을 분별할 수 있어야 합니다. 성경과 신앙고백, 교회법에 정통해야 합니다. 치리회원들은 "재판은 하나님께 속한 것인즉"(신 1:17)이라는 말씀이 잘 드러나도록 재판의 주권자이신 하나님과 교회의 머리이신 예수 그리스도께서 맡기신 권위를 따라 신중하고 공정하게 판결해야 합니다.

이 다섯 가지가 제대로 이루어지기 위해서는 교회가 말씀 안에서 늘 함께 자라가야 합니다. 말씀으로 잘 양육된 교회에는 하나님의 말씀을 바르게 분별하는 좋은 성도들이 많아지게 될 것이고 그 결과 좋은 직분자를 선출하게 됩니다. 좋은 성도가 좋은 직분자를 낳고, 좋은 직분자가 좋은 성도를 낳습니다.

또한 그렇게 되면 말씀에 근거한 교회 법정의 판단이 세상 법정의 재판보다 훨씬 더 정의롭고 공의로우며 하나님의 거룩함에 부합한 것임이 자연스럽게 깨달아질 것이고 공교회적 판결에 순종하는 것이 궁극적으로 교회 전체와 당사자 본인에게 진정한 유익이 된다는 사실을 모두 알게 될 것입니다.[22]

결론

지금까지 말씀드린 내용이 조금은 어렵고 복잡하지만 그 핵심은 간단합니다. 교회가 무엇인지, 교회의 지체인 성도의 정체성이 무엇인지를 알면 됩니다. 이 사실만 알면 신자는 신자와의 문제를 어떻게 해결해야 할지가 분명해집니다.

고린도전서 6:1-11에서 바울은 매우 의도적으로 상반되는 두 개념을 반복해서 대조하고 있습니다. 1절에 "…불의한

---

22   참조. 이광호, 『고린도전후서』, 125.

자들 앞에서…"와 "…성도 앞에서…", 2절에서 "성도가 세상을…"과 "…세상도 너희에게…", 4절에 "…교회…"와 "…경히 여김을 받는 자들…", 6절에 "형제"와 "…믿지 아니하는 자들…" 이렇게 불신자와 신자가 다르며, 세상과 성도가 다르며, 세상과 교회가 다릅니다.

교회는 세상과 구별되는 공동체입니다. 교회에 속한 성도 역시 마찬가지입니다. 그러니 교회의 지체인 성도의 문제는 교회의 치리에 따라 해결해야 합니다. 교회의 한 가족인 성도들 간에 생긴 문제는 교회론적 차원에서 다루어야 합니다. 누가 옳으냐, 그르냐? 하는 문제가 아닙니다. 지금 우리가 과연 누구의 통치를 받고 누구와 함께 살고 있느냐? 하는 문제입니다.

그럼에도 신자 간의 문제를 세상 법정으로 먼저 가져가는 것은 성도가 그리스도로 말미암아 얻게 된 자신의 고귀한 위치를 스스로 저버리는 일이요, 교회의 문제를 외부로 가지고 가는 것은 교회라는 '하나님의 거룩한 신적 기관'의 위대함을 해치는 일로 복음을 욕되게 하며, 교회의 머리이신 예수 그리스도를 모욕하는 일입니다.

3

차라리 불의를 당하는 것이
낫지 아니하냐?

(고전 6:1-11; 마 5:23-25)

✚ 고린도전서 6:1-11

"(1)너희 중에 누가 다른 이와 더불어 다툼이 있는데 구태여 불의한 자들 앞에서 고발하고 성도 앞에서 하지 아니하느냐 (2)성도가 세상을 판단할 것을 너희가 알지 못하느냐 세상도 너희에게 판단을 받겠거든 지극히 작은 일 판단하기를 감당하지 못하겠느냐 (3)우리가 천사를 판단할 것을 너희가 알지 못하느냐 그러하거든 하물며 세상 일이랴 (4)그런즉 너희가 세상 사건이 있을 때에 교회에서 경히 여김을 받는 자들을 세우느냐 (5)내가 너희를 부끄럽게 하려 하여 이 말을 하노니 너희 가운데 그 형제간의 일을 판단할 만한 지혜 있는 자가 이같이 하나도 없느냐 (6)형제가 형제와 더불어 고발할 뿐더러 믿지 아니하는 자들 앞에서 하느냐 (7)너희가 피차 고발함으로 너희 가운데 이미 뚜렷한 허물이 있나니 차라리 불의를 당하는 것이 낫지 아니하며 차라리 속는 것이 낫지 아니하냐 (8)너희는 불의를 행하고 속이는구나 그는 너희 형제로다 (9)불의한 자가 하나님의 나라를 유업으로 받지 못할 줄을 알지 못하느냐 미혹을 받지 말라 음행하는 자나 우상 숭배하는 자나 간음하는 자나 탐색하는 자나 남색하는 자나 (10)도적이나 탐욕을 부리는 자나 술 취하는 자나 모욕하는 자나 속여 빼앗는 자들은 하나님의 나라를 유업으로 받지 못하리라 (11)너희 중에 이와 같은 자들이 있더니 주 예수 그리스도의 이름과 우리 하나님의 성령 안에서 씻음과 거룩함과 의롭다 하심을 받았느니라"

✚ 마태복음 5:23-25

"(23)그러므로 예물을 제단에 드리려다가 거기서 네 형제에게 원망들을 만한 일이 있는 것이 생각나거든 (24)예물을 제단 앞에 두고 먼저 가서 형제와 화목하고 그 후에 와서 예물을 드리라 (25)너를 고발하는 자와 함께 길에 있을 때에 급히 사화하라 그 고발하는 자가 너를 재판관에게 내어 주고 재판관이 옥리에게 내어 주어 옥에 가둘까 염려하라"

지난 내용 요약

신자 간에는 다투어서는 안 됩니다. 교회는 가족 공동체입니다. 신자와 신자의 관계는 단순한 인간관계가 아니라 형제 관계입니다. 신자와 신자의 관계는 다툼의 대상이 아니라 사랑의 대상입니다. 서로 용납하고 아껴주고 이해하는 관계여야 합니다.

그럼에도 종종 다툼과 분쟁이 있습니다. 둘이서 혹은 당사자끼리 해결하지 못할 수도 있습니다.

이때 신자는 세상 법정으로 가서 해결해서는 안 됩니다. 먼저 교회 안에서 해결해야 합니다. 교회 법정인 치리회로 먼저 가져가야 합니다. 치리회의 판단에 따라 처리해야 합니다. 어떠한 일이 있더라도 불의한 자들(세상 재판관) 앞에 먼저 고소하는 일은 없어야 합니다.

본론 - I. 성경의 가르침을 어기고 세상 법정으로 가져간다면?

그럼에도 이렇게 말하는 사람이 있습니다. '성경에서 서로 사랑하라고 했는데 어차피 내가 다퉜으니 이미 죄를 범한 거고, 성경에서 신자 간에 다툰 경우 세상 법정에 가지 말라고 했지만 어차피 다투어서 이미 죄를 지었으니 그냥 세상 법정에 가면 되지 이제 와서 무슨 성경대로 하나?'라고 말입니다. 혹은 '성경에서 세상 법정에 가지 말라고 했지만, 나는 세상 법정에 가서 내가 옳다는 증명을 받아야겠다'라고 말합니다. 심지어는 '성경에서는 그렇게 하라고 말했지만, 그러면 내가 손해를 보는 것이니 나는 절대로 그럴 수 없어'라고 말합니다.

실제로 많은 그리스도인이 신자 간에 다툰 후에 그 문제를 성경적인 방식으로 해결하지 않고 세상 법정에 호소하는 경우가 많습니다.

그렇다면 이렇게 말씀의 원리를 무시하고 세상 법정으로 간다면 그것은 과연 무엇을 의미하는 것일까요?

고린도전서 6:7의 해석

고린도전서 6:7은 "너희가 피차 고발함으로 너희 가운데 **이미 뚜렷한 허물이 있나니**…"라고 말씀합니다. 너희가 서로 간에 고소한 것은 그 자체로 이미 너희에게는 "뚜렷한 허물"이 있다는 말입니다.

여기에 '뚜렷한'이라고 번역된 헬라어 '홀로스'(ὅλως)는 '어떤 상황에서도, 어떤 결과가 나오든 상관없이'라는 뜻으로 해석하는 것이 바람직합니다.[1]

'허물'이라고 번역된 헬라어 명사 '헤테마'(ἥττημα)[2]는 '패하다', '정복당하다'를 뜻하는 동사 '헤타오마이'(ἡττάομαι)에서 나온 것으로서 '허물'이라는 표현보다는 '패배', 또는 '실패'(롬 11:12)라는 뜻으로 해석하는 것이 좀 더 바람직합니다.[3] 그래서 NIV 성경은 "The very fact that you have lawsuits among you means you have been completely **defeated** already. Why not rather be wronged? Why not rather be cheated?"라고 해서 '패배'(defeat)라는 의미로 번역했습니다. 두란노 우리말

---

1 신재철, 『성경과 신학의 창으로 본 소송 문제』, 72.

2 이 단어는 신약 성경에서 이곳과 로마서 11:12에만 나옵니다. Fee, *The First Epistle to the Corinthians*, 240.

3 Grosheide, *Commentary on the First Epistle to the Corinthians*, 138; Thiselton, *The First Epistle to the Corinthians*, 436; Fee, *The First Epistle to the Corinthians*, 240; 신재철, 『성경과 신학의 창으로 본 소송 문제』, 72; 길성남, "형제가 형제와 더불어 소송하느냐?", 145.

성경은 이 부분을 아주 잘 번역하기를 "여러분이 서로 소송을 한다는 것은 여러분이 벌써 **실패**했다는 것을 뜻합니다…"라고 했습니다. 아가페 쉬운 성경 역시 "이렇게 여러분 사이에서 서로 고소하는 일이 발생했다는 사실은 이미 여러분이 **패배**했음을 의미합니다…"라고 바르게 번역했습니다.

세상 법정에 고소한 것의 의미

고린도전서 6:7 말씀이 말하는 바는 신자 간의 문제를 소송한 것은 그 소송의 결과가 어떻든 간에, 누가 이기든 누가 지든 간에, 그것은 전혀 중요하지 않고 오히려 세상 법정에 소송을 제기한 그 자체가 이미 영적인 관점에서 '패배'라는 것입니다.[4] 성경은 이러한 표현을 통해서 세상 법정으로 신자 간의 문제를 가지고 가는 것이 얼마나 잘못되었는지를 강하게 표현하고 있습니다.

그렇습니다. 여러분! 신자가 자신과 다른 신자 간에 일어난 문제를 교회 법정이 아닌 세상 법정에 고소하는 순간 그것은 곧 지는 것입니다. 이기기 위해서, 자기가 옳다는 판단을 받으려고 세상 법정에 고소한 것이지만 하나님의 눈에는 도리어 고소하는 순간에 이미 패배하는 것입니다. 형제간의 문제를 세상 법정에 가지고 간 것 자체가 이미 소송에서 진 것입

---

4   Thiselton, *The First Epistle to the Corinthians*, 436.

니다.[5] 교회 안에서 해결하기보다 세상에서 해결하려고 한 행동은 형제 사랑의 원리를 무시하고 자신의 이기적 욕망을 추구하고 있음을 증명하는 것일 뿐입니다.

이런 점에서 신자 간의 문제를 세상 법정에 소송하는 일은 그리스도인에게 있어서 그 자체로 이미 '실패'나 '패배'입니다. 설령 그렇게 해서 재판에서 승리하더라도 그것은 진정한 승리가 아니라 패배입니다.[6] 성도들 간의 싸움에는 승자도 없고 패자도 없습니다. 이기는 것이 이기는 것이 아니라 지는 것이 이기는 것입니다(롬 12:21).

세상 법정에 가는 것보다는 차라리

그래서 7절의 이어지는 말씀이 뭐라고 말합니까?

"…차라리 불의를 당하는 것이 낫지 아니하며 차라리 속는 것이 낫지 아니하냐?"

이기기 위해서 세상 법정에 가는 것이 결국은 지는 것과 같

---

5   신재철, 『성경과 신학의 창으로 본 소송 문제』, 73; 길성남, "형제가 형제와 더불어 소송하느냐?", 145-146.

6   Fee, *The First Epistle to the Corinthians*, 240; Hays, 『고린도전서』, 173; 김세윤, 『고린도전서 강해』, 107-108; 길성남, "형제가 형제와 더불어 소송하느냐?", 146-147.

으니 차라리 세상 법정에 가지 말고 손해를 보는 것이 더 낫다고 말씀합니다.

세상과 다른 신자의 가치관

이러한 사실은 세상과 교회가 그 법과 정의의 기준이 얼마나 다른지 한 번 더 잘 보여줍니다. 세상에서는 '고소한 것이 진 것이다'라고 가르치지 않습니다. 오히려 '왜 억울하게 가만히 있느냐?'라고 가르치는 것이 세상입니다. '억울하게 당하지만 말고 너도 똑같이 해라'라고 부추기는 것이 세상의 가치관입니다.

성경적 가치관은 전혀 반대입니다. 성경은 우리에게 '그럴 바에는 차라리 손해를 보라', '불의를 당하는 것이 차라리 더 낫다'고 가르칩니다. '억울하게 당하는 것은 그리스도인이라면 당연히 감내해야 하는 것이다'라고 가르칩니다. 이는 세상과는 전혀 다른 가치관입니다.

이러한 가치관은 예수님도 말씀하신 적이 있습니다.

"또 너를 고발하여 속옷을 가지고자 하는 자에게 겉옷까지도 가지게 하며"(마 5:40)

예수님은 우리를 고소하여서 속옷을 가지고 가려고 하는 사람에게는 겉옷까지도 줘 버리라고 말합니다. 이 말씀에서 "고발하여"라는 말이 사용되었다는 것은 고린도전서 6:1-11과 유사한 맥락에 있음을 보여줍니다. 소송을 피하여서 불의를 당하는 것과 고발을 피하여 겉옷까지 빼앗기는 것은 같은 것으로, 이 세상과는 전혀 다른 가치관입니다.

세상 법정에 고소한 사람은 불의한 자

바울은 신자 간의 문제를 교회 안에서 해결하지 않고 세상 법정으로 간 사람들을 향해 "불의한 자"라고 표현합니다. 8절을 보십시오.

"너희는 불의를 행하고…"

재미있는 것은 바울은 1절에서도 "불의한 자들"이라는 표현을 사용한 적이 있는데, 거기에서의 "불의한 자"는 '세상 재판관'을 가리키는 표현이었습니다. 1절에서의 '불의하다'라는 말은 '불신자'라는 의미였습니다. 그런데 8절에서는 신자 간의 문제를 세상 법정에 소송한 자에 대해서도 "불의한 자"라고 부릅니다.

왜 이런 말을 사용하고 있겠습니까? 신자 간의 문제를 세상 법정에 소송한 자는 마치 '불신자'와 같다는 뜻입니다.

더 나아가 이러한 자가 어떤 자인지를 9-10절에서 강하게 말씀하고 있습니다. "(9)**불의한 자**가 하나님의 나라를 유업으로 받지 못할 줄을 알지 못하느냐 미혹을 받지 말라 음행하는 자나 우상 숭배하는 자나 간음하는 자나 탐색하는 자나 남색하는 자나 (10)도적이나 탐욕을 부리는 자나 술 취하는 자나 모욕하는 자나 속여 빼앗는 자들은 하나님의 나라를 유업으로 받지 못하리라"

신자 간의 문제를 세상 법정에 소송한 사람을 '불의한 자'라고 말할 뿐만 아니라, 음행하는 자, 우상 숭배하는 자, 간음하는 자, 탐색하는 자(동성애자), 남색(동성애하는 남자)하는 자, 도적과 같은 범주에 두고 취급하고 있습니다.[7]

여기에서 우리는 또다시 세상과 교회가 그 법과 정의의 기준에 있어서 다르다는 것을 알 수 있습니다. 어떻게 세상 법정에 소송을 한 사람이 앞서 언급한 사람들과 같을 수 있습니까? 세상 사람들의 기준에서 이해가 되겠습니까? 그런데 성경은 그렇게 말합니다.

지는 것이 곧 이기는 것

신자 간의 문제를 세상 법정으로 가져가는 것은 그 자체로 이

---

7   길성남, "형제가 형제와 더불어 소송하느냐?", 149-150.

미 실패요 패배입니다.

'지는 것이 곧 이기는 것이다.'

이 격언은 어쩌면 성경에서 비롯된 진리라 할 수 있을 것입니다. 그러므로 여러분들 중 누구도 그렇게 하지 않아야 할 것입니다.

그렇게 할 때 그것은 세상 사람들 앞에서 그리스도인의 위신을 떨어뜨리는 것이며, 교회에 사랑이 없다는 것을 불신자들 앞에 폭로시켜 전도의 문을 막는 것입니다.[8]

교회 전체의 책임

한 가지 더 기억할 것이 있습니다. 사도 바울은 신자 간의 문제를 소송함으로써 세상 법정에 가져간 그 사람만 나무라는데 그치는 것이 아니라, 그 사람이 속해 있는 교회 전체를 질책하고 있다는 사실입니다.

1절 "**너희** 중에 누가…"

5절 "내가 **너희**를 부끄럽게 하려 하여 이 말을 하노니 **너희 가운데** 그 형제간의 일을 판단할 만한 지혜 있는 자가 이같

---

8 박윤선, 『고린도전서』(서울: 영음사, 1980), 80-81.

이 하나도 없느냐?"

7절 "**너희**가 피차 고발함으로 **너희 가운데** 이미 뚜렷한 허물
이 있나니…"

8절 "**너희**(ὑμεῖς)는 불의를 행하고 속이는구나 그는 **너희** 형제
로다"

라고 말합니다.[9]

공통적으로 나오는 "너희"라는 표현은 고린도교인 전체에
게 책임이 있음을 보여줍니다.[10] 고린도교회 전체를 책망합니
다.[11] 비록 교인 한 사람이 불의를 행했지만 그의 행동에 대해
교회 전체가 공동체적 책임을 다하지 못한 것입니다. 고린도
교회는 그 교인의 악한 행동에 대해 아무런 조치도 취하지 않
았고, 묵인함으로써 결과적으로 그의 악행에 동참하고 있는
것입니다. 이런 점에서 그들 모두가 불의를 행하고 속이고 있
다는 질책을 들어야 했던 것입니다.[12]

---

9   Grosheide, *Commentary on the First Epistle to the Corinthians*, 139.

10 헬라어 원문에 따르면 2인칭 대명사뿐만 아니라 2인칭 복수 동사가 사용
되고 있습니다.

11 Fee, *The First Epistle to the Corinthians*, 241; 길성남, "형제가 형제와
더불어 소송하느냐?", 144, 145; 신재철, 『성경과 신학의 창으로 본 소송
문제』, 75.

12 길성남, "형제가 형제와 더불어 소송하느냐?", 149.

한국의 그리스도인들 상당수는 죄와 구원의 개념을 철저히 개인주의적으로 생각하는 경향이 있습니다. 잘못된 복음주의의 영향을 받았습니다. 내가 죄를 지은 것이지 우리가 지은 것이라고 생각하지 못합니다. 내가 구원받을 뿐 우리가 구원받는다고 생각하지 않습니다. 신앙의 문제를 철저히 개인과만 연관 지어 생각합니다. 그러다보니 교회론이 약합니다.

하지만 성경은 철저히 죄의 문제를 개인의 문제뿐만 아니라 공동체적인 문제로 생각합니다. 고린도교회의 한 개인에게 일어난 죄는 고린도교회 전체와 관련된 것입니다(참조. 고전 6:6). 에베소교회의 한 개인에게 일어난 죄는 에베소교회 전체와 관련된 것입니다. 마찬가지로 구약 이스라엘의 한 개인에게 일어난 일은 이스라엘 전체의 일입니다. 우리는 '아간'의 범죄(수 7장)를 통해 그 사실을 잘 압니다. 아간이 범죄 하였을 때 하나님께서는 이스라엘 전체에게 진노하셨습니다(수 7:1). 아간 한 사람의 죄가 이스라엘 전체를 힘들게 만들었습니다. 아간 한 사람의 죄는 이스라엘 공동체 전체를 무너뜨리는 것이었습니다. 이에 대해 하나님은 "이스라엘이 범죄하여"라고 말씀하셨습니다(수 7:11). 그리고 하나님께서는 아간의 범죄 사실을 밝힌 뒤에야 비로소 이스라엘 백성들이 가나안 땅을 향해 나아가게 하셨습니다. 이처럼 죄란 철저히 공동체적입니다.

고린도전서 6:1-11에서도 죄의 문제를 한 개인을 넘어 함께 한 몸을 이루고 있는 교회 전체와 연관 짓고 있음을 볼 수 있습니다. 바울은 신자 간의 문제를 세상 법정으로 가져간 어떤 한 개인에 대해서만 책망하는 것이 아니라 고린도교회 전체를 책망하고 있습니다.

그렇다면 여러분! 왜 그렇게 합니까? 교인 한 사람이 불의를 행했지만, 그러한 일이 일어날 때까지 다른 사람들이 방임했기 때문에 교회 전체에 책임이 있는 것입니다.[13]

한번 생각해 보십시오. 교회 안에서 이러한 문제가 일어나는 이유는 크게 네 가지로 생각해 볼 수 있습니다. ① 평소 교회 공동체 안에서 신자가 세상 법정에 가면 안 된다는 사실을 가르치지 않았거나 배우지 않았다는 것이며, ② 교회에 속한 모든 자들이 예수 그리스도로 말미암아 거룩해진 '성도'요 그들이 속한 교회가 하나님의 거룩한 공동체라는 사실에 대한 분명한 인식을 갖지 못하고 있다는 것이며, ③ 교회에서 배웠고 알고 있지만 아는 대로 실천하지 않았다는 것이며, ④ 나만 잘 지키면 되지 다른 사람이 지키지 않아도 신경 쓰지 않아도 된다는 생각이 있었다는 의미입니다. 이 네 가지 이유들 때문에 이러한 일이 발생합니다.

그렇다면 누구의 책임입니까? 한편으로 제대로 가르치지

---

13   Fee, *The First Epistle to the Corinthians*, 241; 길성남, "형제가 형제와 더불어 소송하느냐?", 149.

못한 직분자의 책임이며, 제대로 가르쳤음에도 불구하고 그렇게 살려고 애쓰지 않은 당사자의 책임이며, 그러한 일이 교회 안에서 일어났음에도 불구하고 일어나든 말든 나와는 상관없는 일이라는 식으로 방임했다는 점에서 회중 전체의 책임입니다. 그래서 바울은 소송을 제기한 당사자들을 나무랄 뿐만 아니라, 그러한 일을 방치하고 묵인한 교회도 나무라고 있습니다.

그래서 과거 1972년 즈음에 있었던 고신교회의 사건은 최소한 고신총회에 참여했던 총대들의 책임이요 좀 더 확대하면 고신교회 전체의 책임이었고, 만약 오늘날 우리 교회에서 그러한 일이 일어난다면 그 역시도 우리 교회에 속한 회중 전체의 책임이 되는 것입니다.

이 주제는 교회론의 관점에서 생각해야 함

신자 간의 문제에 대해 세상 법정에 소송하는 것을 금하고 있다는 것은 특별히 교회론의 관점에서 생각해야 합니다. 교회가 무엇인가? 하는 관점에서 이 문제를 바라보아야 합니다.

교회가 무엇입니까? 교회는 세상과 구별되는 거룩한 공동체입니다. 본문이 포함된 고린도전서 전체는 계속해서 교회가 어떠한 공동체인가를 강조하고 있습니다. 그리스도의 의로 말미암아 의롭다 칭함을 받아 성도가 되었고, 그렇게 성도가 된 자들이 모여서 주님의 몸 된 교회를 이루고 있다는 것은 그 자체로 새로운 정체성을 가진 자들이 되었다는 것입니다. 그런데 서로가 서로에게, 신자가 신자에게, 형제가 형제에게 세상 법정을 향해 소송을 거는 것은 이 새로운 정체성에 어울리지 않는 짓입니다.[14]

상황윤리의 변명을 피하라

많은 사람은 성경이 말하는 엄격한 윤리에 대하여 이런저런 상황윤리적 핑계를 댑니다.

'나는 세상 법정에 고소하려는 마음이 없었으나, 상대가 했으니 나도 어쩔 수 없이 법정에서 나의 정당함을 변호할 수밖에 없었습니다'라고 말합니다. '나는 저 두 사람의 다툼에 아무런 상관이 없습니다. 그들이 범죄 했고 그들의 책임입니다'라고 말합니다.

과연 성경이 그렇게 말합니까? 성경이 우리에게 그러한 핑계를 용납하고 있습니까? 그러한 핑계를 대려는 모습은 최초의 범죄자였던 아담이 "하나님이 주셔서 나와 함께 있게 하신 여자 그가 그 나무 열매를 내게 주므로 내가 먹었나이다."(창 3:12)라고 핑계했던 것과 다르지 않습니다. "네 아우 아벨이 어디 있느냐?"는 하나님의 질문에 대해 "내가 내 아우를 지키는

---

14   Hays, 『고린도전서』, 175.

자니이까?"(창 4:9)라고 대답한 가인과 다르지 않습니다.

신자의 정체성에 대한 재정립

한 번 더 우리는 우리가 어떠한 존재인지를 생각해야 합니다. 신자의 정체성을 다시금 생각해 보아야 합니다. 바울은 이 주제를 마무리하면서 11절에서 이 사실을 다시 한번 더 강조합니다.

> "너희 중에 이와 같은 자들이 있더니 주 예수 그리스도의 이름과 우리 하나님의 성령 안에서 씻음과 거룩함과 의롭다 하심을 받았느니라."

이 말의 의미를 제대로 드러내도록 다시 번역하면

> "그리고 너희들은 일부가 그러했었다. 그러나(ἀλλὰ) 너희들은 씻음을 받았고(washed), 그러나(ἀλλὰ) 너희는 거룩하게 되었고(sanctified), 그러나(ἀλλὰ) 너희는 의롭다 하심을 얻었다(justified). 주 예수 그리스도의 이름 안에서 그리고 우리 하나님의 성령 안에서"

라고 할 수 있습니다.[15]

---

15   길성남, "형제가 형제와 더불어 소송하느냐?", 152; 신재철, 『성경과 신학

11절은 우리가 지금 살피고 있는 '신자 간의 문제를 세상 법정에 가지고 가도 되느냐?'라고 하는 주제에 대한 논의를 마무리하면서 다시금 신자의 정체성을 확인시켜 줍니다. 신자는 어떤 존재입니까?

예수 그리스도와 성령님으로 말미암아 씻은 바 되었고 거룩해졌으며 의롭게 된 자들입니다. 이것이 바로 신자의 정체성입니다. 신자가 세상과 구별되는 중요한 특징입니다.

앞서 보신 바와 같이, 11절에는 "씻음, 거룩함, 의롭다 하심"이라는 말에 각각 "그러나"라는 말이 나옵니다. 이것은 성도의 과거 상태와 현재 상태를 대조시키는 말입니다.

'성도는 과거에 큰 죄인이었지만 그러나 지금은 씻음을 받았고, 성도는 과거에 심히 더러운 자였지만 그러나 지금은 거룩하여졌고, 성도는 과거에 하나님 앞에서 불의한 자였지만 그러나 지금은 의롭다 하심을 얻었습니다'

바울은 의도적으로 "그러나"(ἀλλά)를 세 번이나 반복해서 그리스도인들이 완전히 새롭게 된 사람들이라는 점을 강조합니다.[16] 아! 이것이 얼마나 놀라운 구원이며, 얼마나 놀라운 변화입니까?

이러한 신자의 정체성을 아는 자들이라면, 신자들의 공동

의 창으로 본 소송 문제』, 82.

16   Fee, *The First Epistle to the Corinthians*, 246.

체인 교회가 세상과 얼마나 다른 공동체인지를 제대로 안다면, 감히[17] 신자와 신자 사이에 일어난 교회의 문제를 세상 앞에서 판단을 구하는 일은 결코 일어나지 않을 것입니다.

결국 이 문제는 '우리가 과연 누구인가?'의 문제입니다. 우리가 과연 누구입니까? 우리는 성도입니다. 거룩한 무리입니다. 우리는 서로와의 관계에서 형제요 자매입니다. 우리 모두는 하나님의 다스림을 받는 자들입니다. 장차 하나님 앞에 서게 될 자들입니다. 세상 재판에서 승리하는 것으로 만족할 자들이 아닙니다. 우리는 이 세상에서 비록 불의를 당하나 그 불의로 인한 슬픔보다 하나님 앞에서 의롭다 인정함을 받아 누리는 기쁨이 더 중요합니다.

본론 - II. 최고의 방법: 화해

마태복음 5:23-25가 말하는 '화해'

신자 간의 다툼이 있을 때 어떻게 해야 합니까? 세상 법정이 아니라 교회 법정으로 가야 합니다. 아니면 차라리 불의를 당하는 것이 낫습니다.

---

17 '감히'라는 부사를 사용한 이유는 고린도전서 6:1의 "구태여"라고 번역된 말의 바른 뜻을 염두에 둔 표현입니다.

그런데 이렇게 하는 것보다 더 근원적인 방법이 있습니다. 더 바람직한 방법이 있습니다.

계속 강조한 것처럼 '화해'입니다. 신자 간에 다툼이 있을 때 세상 법정에 가는 것이 옳으냐? 교회 법정으로 가야 하느냐? 하는 논의 이전에 선행되어야 할 것은 화해와 용서입니다.[18]

마태복음 5:23-25를 봅시다.

"(23)그러므로 예물을 제단에 드리려다가 거기서 네 형제에게 원망들을 만한 일이 있는 것이 생각나거든 (24)예물을 제단 앞에 두고 먼저 가서 형제와 **화목(和睦)하고** 그 후에 와서 예물을 드리라 (25)너를 고발하는 자와 함께 길에 있을 때에 급히 **사화(私和)하라** 그 고발하는 자가 너를 재판관에게 내어 주고 재판관이 옥리에게 내어 주어 옥에 가둘까 염려하라"

이 말씀을 보면 "형제에게 원망들을 만한 일이 있다면 먼저 가서 형제와 화목하라"고 말씀합니다. "혹 너를 고발하는 자와 함께 있을 때에 급히 사화하라"라고 말씀합니다.

25절의 '사화'(私和)라는 말은 한자어로 '송사 문제를 개인끼리 서로 좋게 풀다'라는 뜻입니다. 그러므로 화해하라는 말입

---

18   신재철, 『성경과 신학의 창으로 본 소송 문제』, 46, 50, 127; 대한예수교장로회 (고신) 헌법(2023년판) 권징 제3장 제28조 제4항.

니다. 이 말이 헬라어 원어로는 유노온(εὐνοῶν)인데,[19] '친구로 만들다'(make friends)라는 뜻을 갖고 있습니다. 화해가 단순히 화를 푸는 정도가 아니라 친구가 되라는 말입니다.

가장 최고의 일은 용서와 화해, 그리고 손해 감수

고린도전서 6장의 내용을 통해서 신자 간의 다툼이 있을 때 어떻게 해야 할 것인가? 에 대해 '세상 법정이 아닌 교회 법정 으로 가야 한다. 그렇지 않으면 차라리 불의를 당하는 것이 낫 다'라고 했습니다만, 우리는 무엇보다도 자제하고 인내하면서 사울에게 당한 억울함을 풀어주시기를 하나님께 구하였던 다 윗이 보인 믿음의 의연함을 갖추어야 할 것입니다(삼상 24:15).[20]

마태복음 18:15-18을 보면 교회 안의 어떤 형제가 죄를 범 했을 때 어떻게 하는 것이 옳은지 설명하는데, 이 과정을 보 면 교회 법정으로 가는 것은 최종적인 일입니다. 소송이라는 방법을 취하기보다는 끝까지 권면해야 합니다. 서로 해결하려

---

19 이 단어는 신약 성경에서 오직 이곳에만 사용된 단어입니다. Donald A. Hagner, *Matthew 1–13*, WBC 33A (Texas: Word Books Pub., 1993), 117.

20 유해무, 『헌법해설: 웨스트민스터 신앙고백서/대소교리문답서』(서울: 고신 총회, 2015), 227. 유해무 교수는 십계명 중 제9계명을 해설하면서 이러한 언급을 합니다. 유 교수는 고신교단 신문인 『기독교보』 2001년 1월 13일 자와 1월 20일 자에 각각 "성도 간의 세속법정에서의 송사를 개탄함", "무 엇이 '세속법정'인가"라는 제목의 글을, 2013년 2월 25일 자에는 "또 송사 인가?"라는 제목의 글을 기고한 바 있습니다.

고 노력해야 합니다. 함께 성찬에 참여하여서 그리스도의 살과 피를 나누는 관계에 있으면서도 정작 화해하려고 시도하지 않는다면 그들이 먹고 마시는 성찬은 자신의 죄를 먹고 마시는 것에 불과합니다(고전 11:29).

이와 관련해서 특별히 우리가 원래 어떤 사람이었는지를 생각해야 합니다. 원래 우리는 완악한 죄인이었습니다. 우리는 하나님을 부인하고 예수 그리스도를 십자가에 못 박은 자들입니다. 그러나 우리 구주 예수님은 우리의 모든 죄를 용서해 주셨습니다. 원수 같은 우리를 친구로 삼아 주셨습니다. 이렇게 무한한 사랑과 용서를 받은 우리들입니다. 이 사실을 제대로 이해한다면 아무리 억울하고 참고 견디기 어려운 일을 당해도 충분히 참고 견딜 수 있습니다.

무엇보다 부당한 피해를 참고 견디는 것은 예수님의 본을 따르는 것이기도 합니다(빌 2:1–11; 벧전 2:19–21; 엡 4:15). 예수님은 아무 죄가 없으심에도 불구하고 불의와 온갖 모욕과 희롱을 당하셨습니다(막 15:18, 19, 20, 29, 31, 32). 그러나 예수님은 그들을 용서하셨습니다(눅 23:34). 그러므로 우리 모두는 예수님의 본을 따라 부당한 손해를 받아들이고 견뎌야 합니다(벧전 4:14, 16).[21]

---

21   Fee, *The First Epistle to the Corinthians*, 241; 길성남, "형제가 형제와 더불어 소송하느냐?", 147.

결론

우리는 성도입니다. 거룩한 무리입니다. 그렇기에 신자와 신자 간에는 다툼과 분쟁이 어울리지 않습니다. 직분자와 직분자 간에, 직분자와 교인 간에는 화평을 도모해야 합니다. 교회와 교회는 경쟁의 대상이 아니라 협력하여 복음을 위해 힘써야 할 대상입니다. 어린 시절 주일학교 선생님께서 가르쳐 주신 '미움 다툼 시기 질투 버리고 우리 서로 사랑해'라는 찬양의 가사처럼 서로 사랑하며 화목해야 합니다.

그러나 우리의 연약함은 때로 다양한 문제로 인하여 갈등을 일으킵니다. 신자와 신자, 직분자와 직분자, 교회와 교회 사이에 어려운 문제가 발생할 수 있습니다. 이때, 비록 다툼과 갈등이 있어도 그 문제는 반드시 교회 안에서, 형제 앞에서, 교회의 치리회를 통해서 해결해야 합니다.

만일 그렇게 하지 않고 세상 법정에 가져가는 것은 복음을 가리는 일입니다. 세상 법정으로 가져가는 순간 그것은 곧 패배입니다. '억울'함을 비성경적인 방법으로 해소하여 복음을 가리기보다는 차라리 불의를 당하는 것, 차라리 속는 것이 더 낫다(고전 6:7)는 사실을 기억해야 합니다.

무엇보다 기억해야 할 것은 우리가 믿는 복음은 다툼과 분쟁과 갈등의 복음이 아니라 화해와 용서와 희생과 사랑의 복음이라는 사실입니다(참조. 고전 1:10; 행 10:36).

"(14)온 율법은 네 이웃 사랑하기를 네 자신 같이 하라 하신 한 말씀에서 이루어졌나니 (15)만일 서로 물고 먹으면 피차 멸망할까 조심하라"(갈 5:14-15)

4

불의와 모욕과 희롱을
참으신 예수님

(막 15:1-32)

"(1)새벽에 대제사장들이 즉시 장로들과 서기관들 곧 온 공회와 더불어 의논하고 예수를 결박하여 끌고 가서 빌라도에게 넘겨 주니 (2)빌라도가 묻되 네가 유대인의 왕이냐 예수께서 대답하여 이르시되 네 말이 옳도다 하시매 (3)대제사장들이 여러 가지로 고발하는지라 (4)빌라도가 또 물어 이르되 아무 대답도 없느냐 그들이 얼마나 많은 것으로 너를 고발하는가 보라 하되 (5)예수께서 다시 아무 말씀으로도 대답하지 아니하시니 빌라도가 놀랍게 여기더라 (6)명절이 되면 백성들이 요구하는 대로 죄수 한 사람을 놓아 주는 전례가 있더니 (7)민란을 꾸미고 그 민란중에 살인하고 체포된 자 중에 바라바라 하는 자가 있는지라 (8)무리가 나아가서 전례대로 하여 주기를 요구한대 (9) 빌라도가 대답하여 이르되 너희는 내가 유대인의 왕을 너희에게 놓아 주기를 원하느냐 하니 (10)이는 그가 대제사장들이 시기로 예수를 넘겨 준 줄 앎이러라 (11)그러나 대제사장들이 무리를 충동하여 도리어 바라바를 놓아 달라 하게 하니 (12)빌라도가 또 대답하여 이르되 그러면 너희가 유대인의 왕이라 하는 이를 내가 어떻게 하랴 (13)그들이 다시 소리 지르되 그를 십자가에 못 박게 하소서 (14)빌라도가 이르되 어찜이냐 무슨 악한 일을 하였느냐 하니 더욱 소리 지르되 십자가에 못 박게 하소서 하는지라 (15)빌라도가 무리에게 만족을 주고자 하여 바라바는 놓아 주고 예수는 채찍질하고 십자가에 못 박히게 넘겨 주니라 (16)군인들이 예수를 끌고 브라이도리온이라는 뜰 안으로 들어가서 온 군대를 모으고 (17)예수에게 자색 옷을 입히고 가시관을 엮어 씌우고 (18)경례하여 이르되 유대인의 왕이여 평안할지어다 하고 (19)갈대로 그의 머리를 치며 침을 뱉으며 꿇어 절하더라 (20)희롱을 다 한 후 자색 옷을 벗기고 도로 그의 옷을 입히고 십자가에 못 박으려고 끌고 나가니라 (21)마침 알렉산더와 루포의 아버지인 구레네 사람 시몬이 시골로부터 와서 지나가는데 그들이 그를 억지로 같이 가게 하여 예수의 십자가를 지우고 (22)예수를 끌고 골고다라 하는 곳(번역하면 해골의 곳)에 이르러 (23)몰약을 탄 포도주를 주었으나 예수께서 받지 아니하시니라 (24)십자가에 못 박고 그 옷을 나눌새 누가 어느 것을 가질까 하여 제비를 뽑더라 (25)때가 제삼시가 되어 십자가에 못 박으니라 (26)그 위에 있는 죄패에 유대인의 왕이라 썼고 (27)강도 둘을 예수와 함께 십자가에 못 박으니 하나는 그의 우편에, 하나는 좌편에 있더라 (28) (없음) (29)지나가는 자들은 자기 머리를 흔들며 예수를 모욕하여 이르되 아하 성전을 헐고 사흘에 짓는다는 자여 (30)네가 너를 구원하여 십자가에서 내려오라 하고 (31)그와 같이 대제사장들도 서기관들과 함께 희롱하며 서로 말하되 그가 남은 구원하였으되 자기는 구원할 수 없도다 (32)이스라엘의 왕 그리스도가 지금 십자가에서 내려와 우리가 보고 믿게 할지어다 하며 함께 십자가에 못 박힌 자들도 예수를 욕하더라"

서론

어린 시절 누구나 이런 경험이 있을 겁니다. 괜히 가만히 있는 친구가 한 대 때립니다. 그러면 그 친구도 왜 때리냐는 식으로 한 대 때립니다. 이때 그냥 때리는 것이 아니라 자기가 맞은 것보다 약간 더 세게 때립니다. 그러면 다시 처음 때린 사람이 맞받아 때립니다. 맞은 친구는 다시 때립니다. 강도가 점점 세집니다. 결국은 치고받고 싸웁니다.

둘을 말리는 어른에게 한 친구가 먼저 '쟤가 먼저 때려서 그런 거에요'라고 그럽니다. 그러면 처음 때린 사람은 이렇게 말합니다. '나는 살살 때렸는데, 쟤가 더 세게 때려서 그런 거에요' 결국 둘 다 잘못한 것입니다. 조금만 참으면 될 일인데 말입니다.

어릴 때부터 나타나는 이러한 인간의 본성은 자랄수록 점점 더 커집니다. 어린아이의 그런 모습을 보면서 '참 어리구나. 참 한심하구나'라고 생각하는 어른이지만, 아이러니하게도 어른이 될수록 더 심해집니다. 자그마한 모욕을 당해도 참지 못합니다. 조롱당할 때 견디지 못합니다. '감히'라고 하면서 고소 고발을 일삼습니다. 이것이 인간의 모습입니다.

법원이 바쁩니다. 고소는 최소한으로 이루어져야 하는 일임에도 불구하고 서로를 욕하고 헐뜯는 인간의 부패성은 더욱 커져만 갑니다. 예전 같으면 서로 이해하고 용서하고 해결할 일이지만 이제는 그렇지 못합니다. 욕을 당하고, 때림을 당하고, 인격 모독을 당할 때 참지 못합니다. 자그마한 손해마저 견디지 못합니다. 이는 신자도 예외가 아닙니다. 신자나 불신자나 별반 다르지 않습니다.

신자의 절대 규범인 성경은 그렇게 가르치지 않습니다. "누구든지 네 오른편 뺨을 치거든 왼편도 돌려대라"(마 5:39)라고 말씀합니다. "차라리 불의를 당하는 것이 낫지 아니하며 차라리 속는 것이 낫지 아니하냐"(고전 6:7)라고 말씀합니다. 지는 것이 곧 이기는 것이라고 가르쳐 줍니다. 기독교 윤리의 특징입니다.

그럼에도 우리는 늘 잊습니다. 어떻게든 손해 보지 않으려고 합니다. 어떻게든 억울함을 해결하려고 합니다. 절대로 참지 않으려고 합니다.

그러나 주님을 생각해 봅시다. 불의와 모욕과 희롱을 참으신 예수님을.

본론 - I. 불의와 모욕과 희롱을 참으신 예수님

모욕과 희롱을 받으신 예수님

예수님께서 로마 총독 빌라도로부터 재판을 받으셨습니다(막 15:1-15). 결국 십자가형을 선고받으셨습니다. 빌라도의 군인들이 예수님을 끌고 '브라이도리온'(총독 관저의 뜰)이라는 뜰 안으로 끌고 갑니다. 그곳에서부터 다시 '골고다'로 예수님을 데리고 갑니다(22).

예수님은 아무 잘못이 없습니다. 예수님은 분명 무죄입니다. 그럼에도 불의를 당하십니다. 불의 앞에서 아무 말씀도 하지 않으십니다. 불의한 판결 뒤에 모욕과 희롱을 당하십니다.

20절을 보면 **"희롱을 다 한 후 자색 옷을 벗기고 도로 그의 옷을 입히고 십자가에 못 박으려고 끌고 나가니라"**고 말합니다. 29절 "지나가는 자들은 자기 머리를 흔들며 예수를 **모욕**하여 이르되…" 모욕을 당하십니다. 31절 "대제사장들도 서기관들과 함께 **희롱**하며 서로 말하되…" 계속해서 희롱 당하십니다. 32절 "함께 십자가에 못 박힌 자들도 예수를 **욕**하더라" 욕을 들으십니다.

이렇게 모욕, 희롱이라는 단어만 봐도 예수님이 어떤 치욕을 당하셨는지 알 수 있습니다. 좀 더 구체적으로 살펴보면 더 심합니다.

다양한 모욕과 희롱

1) 군인들로부터(16-24절)

예수님은 먼저 로마 군인들로부터 희롱을 당하십니다.

17절을 보면 군인들이 예수님께 자색 옷을 입히고 가시관을 엮어 씌웁니다. '자색 옷'은 고대 그리스의 알렉산드로스 대왕(BC. 336-323 재위) 이후 헬라 임금들이 입던 옷으로 왕의 복장을 상징합니다.[1] '가시 면류관'은 왕의 금관을 흉내 낸 것입니다. 당시의 황제들은 위엄을 나타내기 위해서 면류관을 썼는데, 그들은 예수님을 왕이라고 조롱하기 위해서 면류관

---

1   정양모 역주, 『마르코 복음서』(한국 천주교회 200주년 신약성서) (왜관: 분도출판사, 2000), 223.

대신 가시 면류관으로 왕처럼 보이게 하는 모습을 만들어 준 것입니다. 로마 군인들은 예수님을 왕처럼 꾸민 것입니다. 스스로 유대인의 왕이라고 하시는 예수님을 이런 모습으로 '**희롱**'하는 것입니다. 20절을 보면, 군인들은 예수님에게 입혔던 자색 옷을 다시 벗기고 원래 입으셨던 옷으로 갈아입히는데, 이것을 보면 지금 이 17절의 행위가 예수님을 '**희롱**'하기 위한 것이라는 사실을 알 수 있습니다.

예수님을 희롱한 군인들은 예수님에게 경례하면서 말합니다. "유대인의 왕이여 평안할지어다"(18절) 이 말 역시 '희롱'입니다. 이 말은 겉으로는 '당신은 왕입니다'라는 말처럼 보이지만, 사실은 '네까짓 놈이 무슨 왕이냐?'라는 조롱의 말입니다. 이제 곧 죽을 예수님에게 '살아 있는 동안이라도 왕 노릇을 한 번 해 보라'는 희롱입니다.

군인들은 이어서 갈대로 예수님의 머리를 때립니다(19). 침을 뱉습니다. 그리고는 무릎을 꿇고 절합니다. 이러한 행위 역시 '희롱'입니다. 이에 대해 마가는 20절에서 이렇게 말합니다. "희롱을 다 한 후…"

24절에서 군인들은 예수님을 십자가에 못 박습니다. 그리고 예수님의 옷을 나누어서 누가 어느 것을 가질까 하면서 제비를 뽑습니다(cf. 시 22:16, 18). 이것은 모두 다 예수님을 '희롱'하는 행위입니다. 하나님의 아들 예수님께서 불경건한 이

방인들에게 이렇게 조롱을 당하셨습니다.

2) 지나가는 사람들로부터(29절)

예수님은 지나가는 사람들로부터 희롱을 당하셨습니다. 29절은 "지나가는 자들은 자기 머리를 흔들며 예수를 **모욕**하여 이르되"라고 말합니다(cf. 시 109:25; 사 37:22).[2]

그들이 모욕하는 내용이 무엇입니까? "(29)…아하 성전을 헐고 사흘에 짓는 자여 (30)네가 너를 구원하여 십자가에서 내려오라" 지나가는 사람들은 십자가에 달려서 비참하게 죽어가는 그리스도를 잔인하게 조롱합니다(cf. 시 22:6-8).

여기 나오는 '지나가는 사람들'이 예수님께 행한 모욕적인 행동은 그냥 길을 지나가다가 우연히 십자가에 달린 예수님을 보고 하는 것이 아니었습니다. 그들은 우연히 지나가는 행인이 아니라, 예수님이 처형당하시는 모습을 구경삼아 일부러 예루살렘에서부터 그 행렬을 따라온 자들이었습니다. 그들은 십자가 위에 계신 예수께 모욕적인 말을 퍼부으며 즐거움을 느꼈습니다. 그들은 비웃음의 조롱조로 머리를 흔들었고, 마가복음 14:58에서 예수님에 대하여 거짓증언했던 사람이 했

---

2   여기에서 사용된 '모욕하다'는 동사는 '하나님을 모독하다'는 뜻입니다. 마가복음에 의하면 사람들은 예수님을 모욕할 때 신성모독 죄를 범한 것입니다. 신현우, 『메시아 예수의 복음』(용인: 킹덤북스, 2011), 343.

던 그 말로 예수님을 조롱했습니다. [3]

3) 대제사장들과 서기관들로부터(31–32절)

예수님은 대제사장들과 서기관들로부터 희롱을 당하셨습니다. 31절에 "대제사장들도 서기관들과 함께 **희롱**하며 서로 말하되…"라고 말씀합니다. 그들은 서로 말하기를 "(31)…그가 남은 구원하였으되 자기는 구원할 수 없도다 (32)이스라엘의 왕 그리스도가 지금 십자가에서 내려와 우리가 보고 믿게 할지어다"라고 말하면서 예수님을 '조롱'합니다. '모욕'합니다. 힘없이 십자가에 달린 주제에 구원자라는 말이 어울리기나 하느냐는 '조롱'입니다.

4) 함께 달린 강도들로부터(32절)

예수님은 당신과 함께 십자가에 못 박힌 양옆의 강도들로부터 희롱을 당하셨습니다. 32절 하반부에 "함께 십자가에 못 박힌 자들도 예수를 **욕**하더라"라고 말씀합니다.

지금까지 살펴본 예수님이 골고다 언덕을 향해 나아가시는 모습과 십자가에 달리시기까지의 과정, 달렸을 때의 모습

---

3 Herman N. Ridderbos, *The Bible Student's Commentary—Matthew*, 오광만 역, 『마태복음』(서울: 여수룬, 1990), 821.

은 철저히 불의와 모욕과 희롱당하시는 예수님의 모습을 보여줍니다. 예수님은 모든 사회 계층으로부터 희롱당하셨습니다. 군인들, 대제사장과 서기관들, 지나가는 사람들, 심지어 강도들에게까지.

예수님은 사방에서 공격을 당하고 있습니다. 누구 하나 말려주지 않습니다. 천상의 왕이시며, 하나님의 아드님이신 예수님께서 모욕과 조롱과 멸시, 천대를 받으셨습니다. 예수님은 억울하게 누명을 받아 사형 선고를 받으신 것도 모자라서, 군인들과 지나가는 사람들과 대제사장들과 서기관들, 함께 달린 강도들에게까지도 조롱과 모욕과 희롱을 당하셨습니다. 한때 예수님을 따랐던 제자들은 다 도망가고, 이제 예수님 혼자 외로이 십자가 위에서 그렇게 욕을 먹고 계십니다.

이미 예언된 희롱당함

이렇게 모욕과 희롱을 당하실 것에 대해 이미 예수님은 잘 알고 계셨습니다. 마가복음 10:34에 예수님께서 자기의 죽음과 부활을 세 번째로 예언하십니다. "그들은 능욕하며 침 뱉으며 채찍질하고 죽일 것이나…"

십자가: 모욕 그 자체

아무리 예언된 일이긴 하지만 예수님께선 완전히 사면초가에

빠지셨습니다. 아래로는 땅에서 사람들을 통해, 매달린 공중에서는 강도로부터 욕을 당하십니다. 사방에서 공격이 옵니다. 아무 죄가 없으신 분이, 아무런 잘못도 없으신 분이 불의와 모욕과 희롱을 당하십니다.

그런데 이보다 더 큰 모욕과 희롱이 있습니다. 십자가에 달린 것, 그것이 곧 최고의 모욕과 희롱입니다. "그리스도께서 우리를 위하여 저주를 받은바 되사 율법의 저주에서 우리를 속량하셨으니 기록된바 나무에 달린 자마다 저주 아래에 있는 자라 하였음이라"(갈 3:13; 신 21:23)

십자가는 그 자체로 모욕과 희롱의 표시입니다. 나무에 달린 것은 저주 그 자체입니다. 이렇게 하나님의 아드님께서 십자가에서 모욕과 희롱을 당하십니다.

모욕과 희롱에 대한 예수님의 반응

모욕과 희롱을 당하신 예수님은 어떻게 하셨습니까? 자신을 모욕하고 희롱하는 자들을 책망하셨습니까? 희롱하는 자들에게 보복하셨습니까? 자신의 억울함을 호소하셨습니까? 아닙니다. 예수님은 온갖 조롱과 모욕을 당하셨어도 아무 말도 하지 않으십니다. 예수님을 향한 그들의 비방은 엄청난 명예훼손입니다. 그럼에도 예수님은 가만히 계셨습니다. 조롱당하신 예수님, 그분은 그냥 가만히 계셨고, 묵묵히 십자가 위에서 피를 흘리셨습니다. 그토록 많은 이적과 놀라운 기사를 행하셨던 하나님의 아드님으로서의 예수님은 온데간데없고, 십자가 위에는 너무나 처량하고 힘없고 나약한 모습만 보일 뿐이었습니다. 그 누구보다도 외로우셨을 예수님께서는 그저 십자가의 고통만을 느끼고 있을 뿐입니다.

마가복음 15장 본문을 자세히 보면, 예수님이 주어(主語)로 된 문장이 몇 개 없습니다. 16절부터 23절 중반 부분까지의 주어가 '군인들'입니다. 24절의 주어 역시 '군인들'입니다. 29-30절의 주어는 '지나가는 자들', 즉 '무리들'입니다. 31-32절의 주어가 '대제사장들과 서기관들'입니다. 32절 하반부에는 '함께 십자가에 못 박힌 자들'이 주어입니다.

예수님이 주어로 된 문장이 딱 한 군데 나옵니다. 23절 후반부입니다. "예수께서 받지 아니하시니라" 군인들이 몰약을 탄 포도주를 주었으나 예수님은 그것을 거절하셨습니다. 왜냐하면, 그들의 행위는 극상품 포도주를 왕께 바치는 일을 흉내낸 것이었기 때문이었습니다.

이렇게 16절부터 32절까지 예수님이 주체가 되어 나오는 부분은 오직 한 부분, "예수께서 받지 아니하시니라"가 유일합니다. 복음서의 주인공, 십자가의 주인공이 예수님인데 말입니다.

이처럼 예수님은 그들에게 보복하지 않으십니다. 오히려 하나님께 호소하십니다. "나의 하나님, 나의 하나님 어찌하여 나를 버리셨나이까"(34절) 예수님은 보복 대신 하나님께 호소하십니다. 십자가 위에서 모욕과 희롱을 당하신 예수님은 우리에게 가르치십니다. '단 한 분 하나님만을 의지하라'

본문에는 언급되어 있지 않습니다만, 34절은 예수님께서 처음 하신 말씀이 아닙니다. 놀랍게도 예수님께서 십자가에서 처음 하신 말씀은 "아버지 저들을 사하여 주옵소서 자기들이 하는 것을 알지 못함이니이다"였습니다(눅 23:34). 조롱당하신 예수님이 오히려 그들의 죄를 용서해 줄 것을 하나님께 간구하셨습니다. 자신을 향한 끝없는 모욕을 퍼붓는 자들에게 예수님은 사랑을 베푸십니다. 자비를 아끼지 않으십니다.

우리 주님 예수 그리스도께서는 가룟 유다에 의해 팔리실 때부터 좌우편의 강도들로부터 비난받으시기까지 모든 모욕과 희롱을 줄기차게 참으셨습니다. 십자가에 달려 모든 고난을 받으시고 운명하실 때까지 예수님은 모든 것을 다 참으셨습니다. 십자가에 달려 모든 부류의 사람들로부터 모욕을 받으신 예수님은 사람들의 모욕하는 말에 대해 아무런 대꾸도, 책망도 하지 않으셨습니다. 예수님은 그 모두를 그냥 다 받으시면서 당하실 뿐이었습니다. 마가는 이것을 우리에게 강

조합니다.[4]

능력을 발휘하지 않으시는 예수님

사람들은 모욕하면서 말합니다. "네가 너를 구원하여 십자가에서 내려오라. 그가 남은 구원하였으되 자기는 구원할 수 없도다"(30-31절)

예수님은 내려오실 수 있는 분입니다. 수많은 기적을 행하신 분이 십자가에서 내려오는 것쯤이야 아무것도 아닙니다. 내려오면 이제 더 이상 모욕을 듣지 않으셔도 됩니다. 그러나 내려오지 않으십니다.

그럼에도 예수님을 고백하는 자들

이렇게 모욕당하시지만 아무 말도 없으신 주님을 보고 두 명의 사람은 고백합니다. 첫째, 한편에 있던 강도입니다. "이 사람이 행한 것은 옳지 않은 것이 없느니라"(눅 23:41) 둘째, 백부장입니다. "이 사람은 진실로 하나님의 아들이었도다"(막 15:39) 불의와 모욕과 희롱을 당하심에도 불구하고 참고 인내하시는 주님을 보고 하나님의 아들로 인정합니다.

---

4   Donald English, *The Message of Mark: The Mystery of Faith* (Leicester: IVP, 1992), 정옥배 옮김, 『마가복음 강해: 하나님의 아들 예수 그리스도』 (서울: IVP, 2000), 313.

오늘날 교회의 모습

우리는 예수님을 믿습니다. 그 예수님을 닮겠다고 말합니다. 하지만, 어떤 사건에 직면했을 때는 결코 그렇게 하지 않습니다. 신행불일치를 그대로 보여줍니다.

조금만 억울해도 참지 않습니다. 자기의 명예를 회복하겠다고 합니다. 불의를 참을 수 없다고 합니다. 고소 고발이 난무합니다. 모욕은 참을 수 없다고 합니다. 시시비비를 명명백백하게 밝혀야 한다고 합니다. 교인 간에 고소를 일삼습니다. 목사가 목사를, 장로가 장로를, 교인이 장로와 목사를 고소합니다. 교회의 법정인 당회나 노회나 총회에 하는 것을 넘어서서 세상 법정에 송사를 일삼습니다.

이러한 일을 행하는 중에 예수님을 따라 사는 삶은 보이지 않습니다. 기독교 윤리는 교과서에나 있을 뿐입니다. "차라리 불의를 당하는 것이 낫지 아니하냐"(고전 6:7)는 말씀은 생각나지 않습니다. 모욕당하시는 예수님을 믿지만, 모욕을 참으신 예수님을 닮고 싶어 하지는 않습니다.

주님은 말씀하셨습니다. "누구든지 너를 **송사(訟事)**하여 속옷을 가지고자 하는 자에게 겉옷까지도 가지게 하라"(마 5:40) 그러나 우리는 그렇게 하지 못합니다. 그분을 믿고는 싶으나 그분을 닮고 싶지는 않습니다.

신자 간의 문제를 세상 법정으로 가지고 나아간다는 것의 의미

신자와 신자 간의 문제로 세상 법정에 나아가는 일은 주님을 부인하는 행위입니다. 주님을 닮기 싫다는 적극적인 선언입니다. "차라리 불의를 당하는 것이 낫지 아니하냐?"(고전 6:7)라는 말씀 앞에 '불의와 모욕과 희롱은 주님이나 당하십시오. 나는 절대로 그렇지 않을 것입니다'라는 항변입니다.

예수님보다 억울하십니까? 그렇다면 참지 않으셔도 됩니다. 예수님보다 억울하지 않다면, 여러분이 당하는 그 어떤 일보다 더 억울한 일을 당하신 예수님의 참으심을 닮으십시오. 불의를 당할 때마다 일일이 시시비비를 밝히는 것이 기독교의 가치가 아닙니다.

예수님을 믿는다면 예수님을 닮으라

우리가 해야 할 일은 십자가에서 모욕당하시고 희롱당하심에도 참으신 예수님을 닮는 것입니다. 우리도 때로는 억울한 일을 당하여 불의와 모욕과 희롱을 당할 수 있습니다. 그때 우리는 우리 주님께서 더 큰 억울함을 당하셨음에도 모두 다 참으셨음을 기억해야 합니다.

그럼에도 많은 그리스도인이 억울함을 참지 못합니다. 자신의 불편함을 감수하려 하지 않습니다. 자신의 억울함을 비성경적인 방식으로라도 해결하려고 합니다. 모욕당하시는 예수님을 믿지만, 모욕을 견디신 예수님을 닮고 싶어 하지는 않습니다. 고난 주간에 주님의 고난을 닮는다면서 흉내는 내지만, 일상에서 주님의 고난을 닮지는 않습니다. 하지만 우리는 예수님의 모습을 닮아야 합니다.

불의와 모욕과 희롱을 참으신 예수님. 땅에서는 사람들이 예수님을 희롱하고, 공중에서는 강도가 예수님을 모욕하고, 사랑하는 제자들은 다 도망가고 없었습니다. 사방팔방이 예수님의 대적들 뿐이었습니다. 이때 예수님은 하늘을 쳐다보십니다. 부르짖으십니다. "엘리 엘리 라마 사박다니", "나의 하나님, 나의 하나님 어찌하여 나를 버리셨나이까"(34절) 오직 단 한 분에게 의지합니다. 그분이 의지할 곳은 오직 하늘뿐입니다. 이렇게 하심으로써 예수님은 우리에게 가르치십니다. "단 한 분 하나님만을 의지하라."

하나님께서 신원하시리라

하나님의 뜻대로 살다 보면 억울한 일을 경험합니다. 그럴 때 일일이 다 시시비비를 가려야 하는 것이 아닙니다.

아무런 죄가 없으심에도 불구하고 십자가에서 온갖 모욕과 희롱을 다 참으시고 인내하시며 오직 하나님만을 향하여 부르짖었던 주님을 닮으십시오. 하나님께서 신원(伸冤)해 주실 것입니다(삼상 24:15; 애 3:59).

결론

"차라리 불의를 당하는 것이 낫지 아니하며 차라리 속는 것이 낫지 아니하냐?"(고전 6:7) 이 말씀에 대해 가장 큰 모범을 보이신 이가 예수님입니다.

불의와 모욕과 희롱을 당하셨으나 참으신 예수님을 믿읍시다. 그분을 닮읍시다. 그러면 우리가 하나님의 자녀입니다. 이를 모든 사람이 알게 될 것입니다. 불의와 모욕과 희롱을 받으심에도 참으신 예수님의 모습을 보며 강도와 백부장이 "이 사람은 진실로 하나님의 아들이었도다"라고 말한 것처럼 말입니다.

5

교회 법정의 치리자(治理者)에게
필요한 지혜

(왕상 3:4-28; 행 6:3)

✦ 열왕기상 3:4-28

"(4)이에 왕이 제사하러 기브온으로 가니 거기는 산당이 큼이라 솔로몬이 그 제단에 일천 번제를 드렸더니 (5)기브온에서 밤에 여호와께서 솔로몬의 꿈에 나타나시니라 하나님이 이르시되 내가 네게 무엇을 줄꼬 너는 구하라 (6)솔로몬이 이르되 주의 종 내 아버지 다윗이 성실과 공의와 정직한 마음으로 주와 함께 주 앞에서 행하므로 주께서 그에게 큰 은혜를 베푸셨고 주께서 또 그를 위하여 이 큰 은혜를 항상 주사 오늘과 같이 그의 자리에 앉을 아들을 그에게 주셨나이다 (7)나의 하나님 여호와여 주께서 종으로 종의 아버지 다윗을 대신하여 왕이 되게 하셨사오나 종은 작은 아이라 출입할 줄을 알지 못하고 (8)주께서 택하신 백성 가운데 있나이다 그들은 큰 백성이라 수효가 많아서 셀 수도 없고 기록할 수도 없사오니 (9)누가 주의 이 많은 백성을 재판할 수 있사오리이까 듣는 마음을 종에게 주사 주의 백성을 재판하여 선악을 분별하게 하옵소서 (10)솔로몬이 이것을 구하매 그 말씀이 주의 마음에 든지라 (11)이에 하나님이 그에게 이르시되 네가 이것을 구하도다 자기를 위하여 장수하기를 구하지 아니하며 부도 구하지 아니하며 자기 원수의 생명을 멸하기도 구하지 아니하고 오직 송사를 듣고 분별하는 지혜를 구하였으니 (12)내가 네 말대로 하여 네게 지혜롭고 총명한 마음을 주노니 네 앞에도 너와 같은 자가 없었거니와 네 뒤에도 너와 같은 자가 일어남이 없으리라 (13)내가 또 네가 구하지 아니한 부귀와 영광도 네게 주노니 네 평생에 왕들 중에 너와 같은 자가 없을 것이라 (14)네가 만일 네 아버지 다윗이 행함 같이 내 길로 행하며 내 법도와 명령을 지키면 내가 또 네 날을 길게 하리라 (15)솔로몬이 깨어 보니 꿈이더라 이에 예루살렘에 이르러 여호와의 언약궤 앞에 서서 번제와 감사의 제물을 드리고 모든 신하들을 위하여 잔치하였더라 (16)그 때에 창기 두 여자가 왕에게 와서 그 앞에 서며 (17)한 여자는 말하되 내 주여 나와 이 여자가 한집에서 사는데 내가 그와 함께 집에 있으며 해산하였더니 (18)내가 해산한 지 사흘 만에 이 여자도 해산하고 우리가 함께 있었고 우리 둘 외에는 집에 다른 사람이 없었나이다 (19)그런데 밤에 저 여자가 그의 아들 위에 누우므로 그의 아들이 죽으니 (20)그가 밤중에 일어나서 이 여종 내가 잠든 사이에 내 아들을 내 곁에서 가져다가 자기의 품에 누이고 자기의 죽은 아들을 내 품에 뉘었나이다 (21)아침에 내가 내 아들을 젖 먹이려고 일어나 본즉 죽었기로 내가 아침에 자세히 보니 내가 낳은 아들이 아니더이다 하매 (22)다른 여자는 이르되 아니라 산 것이 내 아들이요 죽은 것은 네 아들이라 하고 이 여자는 이르되 아니라 죽은 것이 네 아들이요 산 것이 내 아들이라 하며 왕 앞에서 그와 같이 쟁론하는지라 (23)왕이 이르되 이 여자는 말하기를 산 것은 내 아들이요 죽은 것은 네 아들이라 하고 저 여자는 말하기를 아니라 죽은 것이 네 아들이요 산 것이 내 아들이라 하는도다 하고 (24)또 이르되 칼을 내게로 가져오라 하니 칼을 왕 앞으로 가져온지라 (25)왕이 이르되 산 아이를 둘로 나누어 반은 이 여자에게 주고 반은 저 여자에게 주라 (26)그 산 아들의 어머니 되는 여자가 그 아들을 위하여 마음이 불붙는 것 같아서 왕께 아뢰어 청하건대 내 주여 산 아이를 그에게 주시고 아무쪼록 죽이지 마옵소서 하되 다른 여자는 말하기를 내 것도 되게 말고 네 것도 되게 말고 나누게 하라 하는지라 (27)왕이 대답하여 이르되 산 아이를 저 여자에게 주고 결코 죽이지 말라 저가 그의 어머니이니라 하매 (28)온 이스라엘이 왕이 심리하여 판결함을 듣고 왕을 두려워하였으니 이는 하나님의 지혜가 그의 속에 있어 판결함을 봄이더라"

✚ 사도행전 6:3

"형제들아 너희 가운데서 성령과 지혜가 충만하여 칭찬 받는 사람 일곱을 택하라 우리가 이 일을 그들에게 맡기고"

서론

'신자 간의 다툼이 있을 때 세상 법정에 소송하는 것이 옳은 가?'라는 주제로 말씀을 살피는 중입니다. 세상 법정만이 아니라 교회 법정(Church Courts)이 있다는 사실을 배웠고, 교회 법정의 재판관들은 곧 교회의 치리자인 직원(직분자)이라는 사실을 배웠습니다. 하나님께서는 당신의 교회에 교회를 다스리는 치리자(治理者)를 허락하셨으니 목사와 장로요, 그들의 손에 천국 열쇠의 권한을 맡기셨습니다(웨스트민스터 신앙고백서 제30장 제1-2절).

그러므로 1차적으로 교회의 치리자들인 목사와 장로는 하나님께서 맡기신 교회의 정치를 잘 감당해야 합니다. 하나님의 거룩한 통치가 임하는 교회에 입법, 행정, 사법의 역할이 자신들을 통해 이루어진다는 사실을 기억하고 그 일을 감당해야 합니다. 거룩한 교회가 하나님의 말씀에 따라 다스려지도록 힘써야 합니다. 또한 치리자의 치리를 받는 교회의 회원들은 하나님께서 교회의 치리를 직원들에게 맡기신 그 뜻을 잘 이해하고 그들에게 순종하며 그들을 위해서 기도해야 합니다. 그렇게 함으로써 그리스도의 몸 된 교회를 든든히 세워가야 합니다.

그런데 '치리자'와 '치리를 받는 자' 두 당사자 중에서 특별히 치리자에게 요구되는 것이 있습니다. 하나님께서 직분자에게 교회의 다스림을 맡기셨으니 더욱더 그들에게 높은 것이 요구됩니다. 그들에게는 성령님께서 주시는 지혜가 요구됩니다(행 6:3). 열왕기상 3장은 이 사실을 잘 가르쳐 줍니다.

본론 - I. 본문 해석

재판을 위한 지혜를 구한 직분자

열왕기상 3:4에 보면, 다윗을 이어 이스라엘의 왕이 된 솔로몬이 하나님께 제사를 지내는 내용이 나옵니다. 하나님은 구약 교회인 이스라엘을 다스릴 직분자로 솔로몬을 세우셨습니다.

이렇게 이스라엘의 치리자(治理者)가 된 솔로몬이 하나님께 제사를 드립니다. 밤이 되었는데 솔로몬의 꿈에 하나님께서 나타나십니다. 하나님께서 물으십니다. "…내가 네게 무엇을 줄꼬 너는 구하라"(왕상 3:5) 솔로몬이 대답합니다.

"누가 주의 이 많은 백성을 **재판**할 수 있사오리이까 듣는 마음[1] 종에게 주사 주의 백성을 **재판**하여 선악을 분별하게 하옵소서" (왕상 3:9)

솔로몬은 하나님께 다른 것을 구할 수도 있었지만, 자기에게 맡겨진 백성들을 '재판'하는 것과 관련된 능력을 달라고 간구합니다. 이 말씀을 들은 하나님의 반응을 10절은 이렇게 표현합니다. "솔로몬이 이것을 구하매 그 말씀이 주의 마음에 **든지라**" 이 말씀이 개역한글성경에서는 "…주의 마음에 **맞은지라**"라고 되어 있습니다. '맞다'라고 번역된 히브리어(יָטַב)는 '좋다', '기쁜', '즐거운'이라는 의미를 갖습니다. 그래서 NIV 성경은 "The Lord was **pleased** that Solomon had asked for this"라고 번역하고, NASB 성경은 "It was **pleasing** in the sight of the Lord that Solomon had asked this thing"라고 번역하며, 현대인의 성경은 "솔로몬이 지혜를 구하므로 여호와께서는 기

1 '듣는 마음'을 개역한글과 새번역은 '지혜로운 마음'이라고 번역했습니다.

뻐하시며"라고 번역합니다. 솔로몬의 요구가 하나님께서 원하시는 바와 딱 맞았으니 그 이유는 솔로몬이 구약교회의 치리자(治理者)로서 꼭 필요한 것을 구했기 때문입니다. 그래서 하나님께서 기뻐하셨습니다.

결국 11절에서 하나님은 솔로몬이 달라고 한 것을 주셨으니 그 내용에 대해서

"…오직 송사를 듣고 분별하는 지혜를 구하였으니…"

라고 말합니다. 9절에서 솔로몬이 요구한 '백성들의 말을 잘 듣고 그로 인해 백성들을 잘 재판할 수 있게 해달라고 한 것'을 가리켜서 '송사를 듣고 분별하는 지혜'라고 표현합니다.

정리해 보면 구약'교회'인 이스라엘에 왕이라는 '직분자'로 부르심을 받은 솔로몬은 이스라엘 '교회'의 '치리자'로서 그 무엇보다도 '재판을 위한 지혜'가 필요하다는 사실을 알았습니다. 거룩한 하나님나라를 통치함에 있어서 왕에게 필요한 자질은 무엇보다도 하나님의 백성들을 공의롭게 판단하는 지혜임을 이해하고 있었습니다.

그래서 그는 하나님께서 무엇을 원하느냐고 물으셨을 때, 장수(長壽)도 부(富)도 아닌 '송사를 듣고 분별하는 지혜'를 구

했습니다. 자신에게 속한 많은 교인의 문제를 재판할 수 있는 지혜를 가지는 것이 직분자로서의 중요한 자격이라는 사실을 알고 있었기 때문입니다.

솔로몬의 이러한 요구는 하나님의 뜻에 맞았습니다. 하나님께서 기뻐하실만 했습니다. 구약교회 이스라엘에 솔로몬을 직분자로 세우신 하나님께서 원하시는 직분자의 중요한 자격 중 하나는 재판과 관련한 지혜였던 것입니다.

하나님께서 주신 지혜가 활용되는 재판

지혜를 구한 솔로몬에게 그 지혜가 어떻게 사용되었는지를 계속해서 이어지는 본문 16-28절이 잘 보여줍니다. 어떤 내용이 나옵니까? 교회에 한 번도 다녀본 적 없는 사람들에게조차 잘 알려진 이야기가 나옵니다. '솔로몬의 재판'입니다.

솔로몬이라는 '직분자'가 다스리는 구약'교회' 이스라엘에 한 사건이 발생했습니다. 한집에 사는 두 여자가 3일 차이로 아기를 낳았는데 한 여자의 아기는 죽었고 다른 여자의 아기는 살았습니다. 두 여자 모두 죽은 아기가 상대 여자의 아기이고 산 아기가 자기의 아기라고 주장했습니다. 두 여자가 한 아기를 놓고서 서로 자기의 아기라고 주장하는 일이 벌어진 것입니다. 이에 대해 두 여자는 직분자인 왕에게 찾아가 자신들의 문제를 해결해 달라고 했습니다.

이 문제는 해결하기 쉽지 않았습니다. 당시에는 오늘날처럼 DNA 검사나 거짓말 탐지기 같은 방식을 사용할 수 있는 게 아니라 오직 당사자의 증언이나 혹은 이웃들의 증언만으로 판단해야 했기 때문입니다. 게다가 18절에 보면 이 일이 일어났을 때는 주변에 아무도 없었습니다. 이웃들의 증언도 사용할 수 없습니다. 오직 두 사람의 증언(자백)만이 유일한 판단 기준입니다. 이런 상황에서 두 사람 모두 서로 자기의 아기라고 주장합니다. 둘 중 한 명은 제9계명을 어기고 있습니다.

이웃의 증언도 없고 당사자의 증언도 불일치하는 상황, 이때 필요한 것은 바로 재판관 즉, 치리자의 지혜였습니다. 앞서 솔로몬이 하나님께 요구했던, 하나님께서 주셨던 바로 그 지혜, '송사를 듣고 분별하는 지혜'(11절)가 필요했습니다.

솔로몬은 그 '지혜'를 발휘합니다. "…칼을 내게로 가져오라…"라고 합니다(24절). "…산 아이를 둘로 나누어 반은 이 여자에게 주고 반은 저 여자에게 주라"라고 말합니다(25절). 그랬더니 아기의 진짜 어머니가 말합니다. "…내 주여 산 아이를 그에게 주시고 아무쪼록 죽이지 마옵소서…" 반대로 아기의 가짜 어머니는 "…내 것도 되게 말고 네 것도 되게 말고 나누게 하라…"라고 말합니다(26절). 이 말을 들은 솔로몬은 "…산 아이를 저 여자에게 주고 결코 죽이지 말라 저가 그의 어머니

이니라…"라고 말합니다(27절).

왜 이렇게 판결을 내렸습니까? 솔로몬은 아기의 진짜 엄마라면 비록 자기가 그 아이를 가져가지 못할지언정 아기를 죽이게 하지는 않을 것이라는 지혜가 있었던 것입니다. 그래서 그 지혜를 따라 판결한 것입니다.

이 재판에 대한 평가가 28절에 나옵니다.

> "온 이스라엘이 왕이 심리하여 판결함을 듣고 왕을 두려워하였으니 **이는 하나님의 지혜가 그의 속에 있어** 판결함을 봄이더라"

이 일은 표면상으로 볼 때는 솔로몬의 지혜가 드러난 것이지만 사실상 **하나님의 지혜**가 솔로몬을 통해 나타난 판결이었으니, 하나님께서 솔로몬에게 지혜를 주셔서 그를 통해 구약교회 이스라엘을 다스리고 계심이 이 재판을 통해 드러난 것입니다.

정리

지금까지의 내용을 '신자 간의 소송과 재판', '교회와 직분자'라는 관점에서 정리해 봅시다.

구약 이스라엘은 오늘날로 치면 교회입니다. 구약교회 이스라엘입니다. 하나님께서 이스라엘이라는 교회를 다스리시는데, 사람을 통해서 다스리십니다. 하나님은 구약교회인 이스라엘에 솔로몬 왕이라는 직분자를 주셨습니다. 그 직분자를 통해 다스리게 하셨습니다.

이 교회를 맡은 직분자에게 필요한 것은 하나님의 지혜였습니다. 하나님께서 다스리시는 교회이니 하나님의 지혜를 통해 직분자가 다스려야 했습니다.

그래서 구약교회의 직분자로 세움을 받은 솔로몬은 하나님께 지혜를 달라고 했고, 이 요청은 하나님께서 너무나 당연히 원하시는 바였기에 하나님은 솔로몬에게 지혜를 주셨습니다.

솔로몬에게 주어진 지혜는 하나님께서 그에게 맡기셔서 다스리게 하신 교회의 회원 간에 일어난 문제에 대해 재판하는 데 사용되었습니다. 마침 교회의 회원 간에 다툼이 있었는데, 이들이 직분자 솔로몬에게 찾아와 재판을 요청했고, 왕은 재판을 통해 하나님의 지혜를 드러냈습니다.

왜 교회이며, 왜 치리자인가?

지금까지의 말씀이 이해 안 될 수 있습니다. 이스라엘이 구약교회? 이스라엘의 치리자가 교회의 직분자?

이를 좀 더 잘 알기 위해서 열왕기상 3장과 동일한 내용을 다루고 있는 병행 본문인 역대하 1장을 봅시다.

열왕기상 3:9의 "…주의 이 많은 백성…"이라는 말을 역대하 1:9에서 보면 "…땅의 티끌 같이 많은 백성…"이라고 표현합니다. 이 표현은 창세기 13:16에 나오는 "내가 **네 자손이 땅의 티끌 같게 하리니** 사람이 땅의 티끌을 능히 셀 수 있을진대 네 자손도 세리라"라는 표현과 창세기 28:14에 나오는 "**네 자손이 땅의 티끌 같이 되어** 네가 서쪽과 동쪽과 북쪽과 남쪽으로 퍼져나갈지며 땅의 모든 족속이 너와 네 자손으로 말미암아 복을 받으리라"라는 표현을 염두에 둔 표현입니다.

지금 솔로몬이 염두에 두고 있는 '주의 이 많은 백성'(왕상 3:9)에 해당하는 이스라엘 백성은 오래전 아브라함과 야곱에게 약속하셨던 약속의 결과로 주어진 백성들입니다. 하나님의 교회입니다. 그래서 솔로몬이 "누가 **주의 이 많은 백성을 재판**할 수 있사오리이까"(왕상 3:9)라고 하나님께 호소했던 것은 '하나님! 그 옛날 우리 조상 아브라함과 야곱에게 약속하셨던 땅의 티끌 같게 하겠다는 그 백성들을 오늘날 내게 주셨는데, 제가 도대체 무슨 능력으로 그들을 재판할 수 있겠습니까?'라는 호소입니다. 이제 솔로몬은 하나님께서 그 옛날 아브라함과 야곱에게 약속하셨던 거룩한 하나님의 교회를 통치해야 합니다. 땅의 티끌같이 많은 언약 백성들을 다스려야 합니다. 그래서 그는 지혜를 달라고 구했습니다. 그들을 잘 다스려야 했기 때문입니다. 그래야만 하나님의 교회가 든든히 설

수 있기 때문입니다.

다음으로 역대하 1:11을 보면, "…오직 내가 네게 **다스리게** 한 내 백성…"(개역개정)이라고 말씀합니다. 여기에서 '다스리게'라는 말을 한자어로 바꾸면 '**치리**'(*治理*)입니다. 개역한글판은 "오직 내가 너로 **치리**(*治理*)하게 한 내 백성"이라고 번역합니다. 13절에도 "솔로몬이… 이스라엘을 **다스렸더라**"(개역개정)라고 말하는데, 개역한글판은 "솔로몬이… 이스라엘을 **치리**(*治理*)하였더라"라고 번역합니다.

솔로몬은 구약교회인 이스라엘의 치리자였습니다. 솔로몬은 구약교회의 목사요 장로였습니다. 솔로몬은 구약교회를 잘 다스려야 할 필요가 있었기에 하나님께 지혜를 구했고, 하나님은 그의 요청을 매우 합당하게 생각하셨기에 그에게 지혜를 주셨습니다.

본론 - II. 직분자와 지혜

솔로몬이 구한 지혜, 하나님께서 그에게 주신 지혜는 구약교회 이스라엘을 다스리는 지혜였습니다. 복음과 교회를 위한 지혜였습니다. 치리를 위한 지혜였습니다. 이 지혜는 신약교회의 직분자 선택과도 연결됩니다.

이 사실은 또 다른 본문 사도행전 6:3을 통해 알 수 있습니다.

"형제들아 너희 가운데서 성령과 **지혜**가 충만하여 칭찬 받는 사람 일곱을 택하라 우리가 이 일을 그들에게 맡기고"

이 본문에 대해 상당수는 '집사'에 관한 본문이라고 생각합니다. 하지만 사도행전 6장을 자세히 보면 '집사'라는 표현이 전혀 나오지 않습니다.[2] 그리고 5절에 언급된 일곱 사람이 6장 7절 이하에서 하는 역할도 오늘날의 집사와 전혀 상관없는 일을 합니다.[3]

---

2 사도행전 6장이 아닌 다른 곳에 이들을 '집사'로 언급하는 구절이 있긴 합니다. 사도행전 21:8의 "이튿날 떠나 가이사랴에 이르러 일곱 집사 중 하나인 전도자 빌립의 집에 들어가서 머무르니라"입니다. 여기에서 사도행전 6장의 7인 중에 1명인 '빌립'을 '일곱 집사 중 하나인 전도자 빌립'이라고 소개합니다. 그러나 그것은 의역입니다.
한글 번역 성경에 보면 '집사'에 해당하는 글자가 '작은 글씨'로 표시된 경우를 종종 볼 수 있습니다(cf. 롬 1:7; 고후 13:13; 엡 1:1,2; 2:8,9; 빌 1:1; 골 1:2; 딤전 1:2 등등). 요즘에는 작은 글씨로 표시하지 않은 성경이 많지만 여전히 그렇게 된 성경이 많습니다. 이렇게 작은 글씨로 표시한 것은 원문에는 없지만 정황에 따라 '의역'한 것임을 나타내는 표시입니다. 사도행전 21:8의 '집사'라는 표현 역시 의역입니다. 원문에 충실하게 하면 "일곱 중 하나인 전도자 빌립"이라고 하는 것이 맞습니다. NIV와 KJV 같은 영어성경에도 deacon이라는 말이 없습니다.

3 스데반과 빌립이 사도행전 6:8-15; 7장; 8:5-40에서 하는 역할을 보더라도 그들이 집사인 것으로 보이지 않습니다. John Murray, *Collected Writings of John Murray*, vol 2. (Edinburgh: The Banner of Truth

이 본문은 '집사'에 대한 가르침이 아니라 '말씀 봉사자 이외의 직분자가 필요한 이유'와 '직분자 선택의 기준과 방식'을 말씀하는 본문입니다.

이 말씀에 의하면 '지혜'가 있는 사람을 직분자 선택의 기준으로 말하고 있습니다. 구약의 직분자 솔로몬에게 지혜를 주신 하나님은 신약의 직분자를 선택함에 있어서 아주 중요한 기준으로 '지혜'를 언급하십니다. 신약교회의 직분자는 신약교회의 치리자이기 때문입니다.

본론 - III. 적용

직분자가 갖추어야 할 지혜

교회의 직분자는 교회의 치리자입니다. 교회 법정의 재판관입니다. 치리자에게 필요한 것은 다른 무엇보다도 하나님의 백성

Trust, 1976-1982), 박문재 역, 『조직신학 II』(서울: 크리스챤다이제스트, 1991), 378. Edmund Clowney, *The Church* (Leicester: IVP, 1995), 황영철 역, 『교회』(서울: IVP, 1998), 238. John MacPherson, *Presbyterianism* (Edinburgh: T&T Clark, 1949), 이종전 옮김, 『장로교회의 정치원리』(인천: 아벨서원, 1998), 135-136; Donald Guthrie, *New Testament Theology* (Leicester: IVP, 1981), 정원태, 김근수 옮김, 『신약신학』(서울: CLC, 1988), 837. 벌코프는 존 머레이나 클라우니와 같은 주장을 의식하면서 사도행전 6장의 집사직분에 대한 나름대로의 의견을 제시합니다. Louis Berkhof, *Systematic Theology* (Grand Rapids: Eerdmans, 1941), 권수경, 이상원 역, 『조직신학 (하)』(서울: 크리스챤다이제스트, 2000), 845.

들을 잘 다스릴 수 있는 지혜입니다. 하나님의 말씀을 분별하는 지혜, 교회 안에서 일어나는 문제에 대해서 해결할 수 있는 지혜가 필요합니다.

이 지혜는 기본적으로 하나님의 말씀에서 비롯됩니다. 그래서 교회의 직분자로 부르심을 받기 위해 준비하는 사람들, 이미 교회의 직분자로 부르심을 받은 사람은 항상 하나님의 말씀에서 비롯되는 지혜를 얻기 위해 힘써야 합니다. 말씀을 깊이 이해하고 그 말씀에서 샘솟는 지혜를 갖추어야 합니다.

교회의 치리자로 부르심을 받았음에도 불구하고 성경, 신앙고백, 교회법을 알아가는 일에 힘쓰지 않는 것은 크나큰 범죄입니다. 하나님의 지혜를 구하지 않는 것은 큰 죄입니다.

더 심각한 죄는 자신이 치리자요 재판관이라는 사실을 깨닫지 못하거나 혹은 그 사실을 악용하는 것입니다. 하나님께서 주신 지혜가 아닌 자신의 지혜대로 한다든지, 교회법의 정당한 절차와 방식 대로가 아니라 자신의 편견과 유익대로 하는 것은 심각한 범죄입니다. 이에 대해 목사와 장로는 항상 경계하며 자신을 쳐 복종시켜야 합니다.

교인들에게 필요한 지혜

교인들은 교회의 치리자를 선택하는 일에 있어서 하나님께 지혜를 구하고 참으로 '지혜' 있는 자를 직분자로 선택해야 합니다. 사도행전 6:3 말씀대로 성령과 지혜가 충만한 자를 교회의 직분자로 선택해야 합니다.

직분자를 위한 기도

이 지혜는 성령님께서 주시는 것입니다. 하늘에서 허락해 주시는 것입니다. 그러므로 구약교회의 직분자인 솔로몬이 백성을 잘 다스리게 해 달라고 지혜를 구한 것처럼, 신약교회의 직분자인 목사와 장로는 자신이 속한 교회의 회원들을 잘 다스릴 수 있는 지혜를 달라고 끊임없이 기도해야 합니다. 자신들에게 맡겨진 양 떼를 잘 다스릴 수 있는 지혜를 달라고 말입니다.

교인들은 직분자가 하나님의 교회를 잘 치리할 수 있도록 그들에게 지혜를 달라고 기도해야 합니다. 목사를 위해서는 말씀을 잘 가르칠 수 있는 지혜를 달라고, 교인들을 잘 양육할 수 있는 지혜를 달라고, 하나님의 교회를 진리 가운데 잘 보존할 수 있는 지혜를 달라고 기도해야 합니다. 장로를 위해서는 선포되는 말씀이 교회 가운데 잘 드러나고 있는지를 살필 수 있는 지혜를 달라고 기도해야 합니다. 교인들을 심방하고 위로하며 언약의 자녀들을 잘 양육할 수 있게 해달라고 기도해야 합니다. 목사와 장로 모두를 위해서는 교회 안에 일어나는 여러 가지 문제를 바르게 판단하고 해결할 수 있는 지혜를 달라고 기도해야 합니다. 구약교회의 성도들인 이스라엘 백성들이 송사를 듣고 분별하는 지혜를 갖춘 솔로몬으로 말미암아 평화와 안식을 누린 것처럼(왕상 4:24-25), 신약교회의 성도들인 우리도 지혜를 갖춘 치리자들로 말미암아 교회가 평안하여 든든히 서 갈 수 있도록(행 9:31) 그들을 위해서 기도해야 합니다.

교회 법정의 재판관으로서의 직분자

특별히 이 주제를 살펴보게 된 계기가 된 교회 법정의 재판관으로서의 직분자와 관련해서 생각해 봅시다.

어떤 사람들은 이렇게 말합니다.

'목사가 법의 전문가인가? 장로가 법의 전문가인가? 왜 그들이 우리의 문제를 재판하는가?'

'교회 헌법 개정작업에는 판사, 검사, 변호사로 재직한 바 있는 교인들이 반드시 참여해야 한다'

이런 생각은 아주 잘못된 생각입니다. 교회 안에 일어나는 문제를 판단하는 일은 세상법의 전문가여야 하는 것이 아닙니다. 교회의 재판관들이 법의 전문가가 아니기 때문에 교회 안의 일을 판단하지 못하는 것이 아닙니다. 교회의 재판은 세상의 재판과 다르며, 교회 재판관에게 필요한 지혜는 세상의 지혜와 다릅니다. 교회 재판관들인 직분자들은 성경이 가르치는 하나님나라의 원리에 따라 교회 안의 문제를 충분히 판단할 수 있습니다.

교회 치리회가 바르게 할 때

교회의 치리는 교회 직분자에게 맡겨져 있습니다(웨스트민스터 신앙고백서 30장 1절). 이 일을 직분자가 감당하므로 직분자들은 지혜를 갖출 수 있도록 스스로 노력해야 하며 또한 성령님께 지혜를 주시도록 간구해야 합니다. 이 일에 모든 성도가 함께 해야 합니다.

그렇게 할 때 솔로몬을 통해 구약 교회인 이스라엘 백성이 왕을 두려워하며 솔로몬의 재판을 신뢰한 것처럼 될 것입니다. 솔로몬의 통치 때 모든 백성이 평안했던 것처럼(왕상 4:24-25) 이 시대의 교회도 든든히 서게 될 것입니다(행 9:31).

결론

신자 간에 다툼이 일어났을 때 어떻게 하는 것이 옳습니까? 기본적으로는 화해해야 합니다. 그렇게 해도 되지 않을 때는 하나님께서 지혜를 주시는 치리자인 직분자에게 나아가야 합니다.

이러한 성경적 원리와 질서가 제대로 이루어지기 위해서 우리는 직분자들을 위해서 기도해야 합니다. 직분자가 솔로몬과 같은 지혜를 갖출 수 있도록 해야 합니다. 또한 그보다 먼저 직분자를 선출할 때 항상 신중해야 합니다. 돈 많은 사람, 학식 있는 사람, 인격이 훌륭한 사람이 아니라 "…형제간의 일을 판단할 만한 **지혜** 있는 자…"(고전 6:5; 참조. 왕상 3:9 개역한글)를 직분자로 선출해야 합니다. 말씀의 진리를 바르게 이해하고 있는 사람을 세워야 합니다. 그리고 그렇게 세워진 직분자들은 하나님께서 주시는 지혜를 잘 활용하여 교회 안에 일어난 문제들을 잘 분별하고 판단해야 합니다.

그렇게 될 때 하나님의 교회는 하나님께서 친히 다스리시는 거룩한 공동체로서의 모습이 온 천하에 드러나게 될 것이고, 사람들은 '바로 저기에 하나님의 다스림이 있구나'라고 외치게 될 것입니다.

"내가 너희를 부끄럽게 하려 하여 이 말을 하노니 너희 가운데 그 형제간의 일을 판단할 만한 지혜 있는 자가 이같이 하나도 없느냐?"(고전 6:5)

6
우리가 해야 할 싸움

(딤전 6:11-12)

서론

계속해서 신자와 신자 사이에 일어난 '다툼'에 대해 어떻게 해야 하는지를 생각해 보는 중입니다.

그런데 여러분! 이 문제에 대해서 우리는 어디에 주로 초점을 두어야 할까요? 안타깝게도 많은 사람은 이 문제와 관련해서 '세상 법정에 가는 것이 옳은가 아닌가?' 하는 부분에만 초점을 두는 경향이 있습니다. 물론 고린도전서 6:1-11 말씀은 그런 내용을 다루고 있습니다. 하지만 그 말씀의 궁극적인 가르침과 성경 전체에서 끊임없이 강조하는 바는 신자 간에 서로 다투기보다 오히려 화목하고 화평을 이루라는 것입니다.

세상 법정에 가지 말고 교회 법정에서 해결하라는 것은 사람의 죄성을 인정하면서 그러한 죄성으로 인한 결과에 대해 어떻게 해야 할지를 말하는 것일 뿐, 우리가 더 우선적으로 생각해야 할 것은 신자 간에는 서로 싸우지 말아야 한다는 것입니다. 다시 말해, 고린도전서 6:1에서 "너희 중에 누가 다른 이와 더불어 다툼이 있거든…"이라고 할 때는, 다투어도 된다는 말이 아니라 "다투면 안 되는데 혹 그런 일이 일어나면…"이라는 뜻으로 이해해야 합니다. 마치 "너희가 만일 범죄하면…"이라고 했는데, 그 말이 우리에게 범죄를 권면하는 것이 아니라는 점과 같습니다.

그렇습니다. 하나님은 우리를 향해 싸우라고 하지 않으셨습니다. 그러므로 우리는 '서로' 싸울 것이 아닙니다.

그러나 한편으로 하나님은 우리를 향해 '싸우라'고 명령하십니다. 바로 '너 자신과의 싸움을 싸우라'고 하십니다. 나아가 '세상과 싸워 승리하라'고 하십니다.

우리는 우리끼리 싸울 것이 아니라 오히려 자기 자신과 싸워야 합니다. 오히려 우리는 서로 힘을 합쳐 세상을 향해 싸워야 합니다. 우리의 대적은 형제가 아니라 죄와 세상입니다.

본론 - I. 본문 해석

디모데전서 6:11-12 본문 설명

디모데전서 6:11-12는 무엇을 위해서 싸워야 하는지를 잘 보여줍니다. 본문은 바울이 디모데에 보내는 첫 번째 편지의 말미에 나오는데, 사도 바울은 디모데가 갖추어야 할 중요한 덕목으로 6:3-5에서는 거짓 교리가 아닌 바른 교리를 가지는 것에 대해서, 6:6-10에서는 더러운 것을 행하는 것이 아닌 바른 윤리를 가지는 것에 대해서 말합니다. 그리고 11절에서는 앞선 내용(6-10절)에서 하지 말라고 한 것에 대해서 "…이것들을 피하고…"라고 말하고, 그렇게 피하는 대신에 "…의와 경건과 믿음과 사랑과 인내와 온유를 따르라"라고 명령하고 있습니다. 그리고 12절에서는 "믿음의 선한 싸움을 싸우라 영생을 취하라…"라고 명령합니다.

11-12절의 말씀을 자세히 보면 모두 4개의 중요한 명령이 있습니다.[1] 11절에 "피하라", "따르라", 12절에 "싸우라", "취하라"입니다. 이 4개의 동사는 서로 긴밀하게 연결되어 있습니다. '피하고' 그 대신에 '따르며', '따름'으로써 '싸우고' 그렇게

---

[1] William D. Bounce, *Pastoral Epistles*, WBC 46 (Nashville: Thomas Nelson, 2000), 채천석, 이덕신 공역, 『목회서신』(서울: 솔로몬, 2009), 732; George. W. Knight III, *The Pastoral Epistles*, NIGTC (Grand Rapids: Eerdmans, 1992), 260.

해서 '취하라'는 것입니다.

첫째, 피해야 합니다. 무엇을 피해야 합니까? 6-10절에서 금하고 있는 것들을 피해야 합니다.

둘째, 따라야 합니다. 무엇을 따라야 합니까? 의, 경건, 믿음, 사랑, 인내, 온유를 따라야 합니다.[2] 여기에서의 "따르라"는 말은 '열망하다', '노력하다', '간절히 좇아가다'는 의미를 갖고 있습니다(참조. 딤후 2:22; 롬 9:30, 31; 12:13; 14:19; 고전 14:1; 살전 5:15).[3]

셋째, 싸워야 합니다. 무엇을 싸워야 합니까? 믿음의 선한 싸움을 싸워야 합니다. 이때 11절에서 따르라고 한 것을 따라야 비로소 싸울 수 있습니다. 의, 경건, 믿음, 사랑, 인내, 온유를 따르게 될 때, 그것들을 간절히 좇을 때, 비로소 믿음의 선한 싸움을 할 수 있습니다.

넷째, 취해야 합니다. 선한 싸움을 싸우는 것의 목적은 영생을 취하는 것입니다. 그래서 사도는 "싸우라"고 명령한 뒤에 또한 "취하라"고 명령합니다. 여기에서의 "취하라"라는 말은 '낚아채어 껴 안으라'(take hold of)라는 뜻입니다.

12절 하반부에 보면 "…이를 위하여 네가 부르심을 받았고

---

2 디모데후서 2:22에서도 "피하고, 따르라"는 대구적인 표현이 언급됩니다.

3 Bounce, 『목회서신』, 735.

많은 증인 앞에서 선한 증언(ὁμολογίαν)을 하였도다"라고 합니다. 이 말씀은 이중적 의미가 있습니다. 하나는 디모데의 사역적인 측면에서 하나님께서 그를 말씀 사역자로 부르신 것과 디모데전서 4:14에서 '장로의 회', 즉 노회(老會)로부터 안수받을 때 회중 앞에서 했던 공적인 서약(ὁμολογία)을 말합니다. 다른 하나는 어릴 때 외할머니 로이스와 어머니 유니게로부터 나게 하심을 통한 부르심(딤후 1:5)과 그의 입교를 통한 서약 시에 이루어진 공적인 고백(ὁμολογία)입니다.

그렇기에 11-12절에 나오는 4개의 명령은 한편으로는 디모데와 같은 말씀 사역자에게 주는 말씀이기도 하지만, 궁극적으로는 하나님의 부르심을 따라 거듭나고 회심한 결과 세례를 받을 때 회중 앞에서 공적인 '신앙고백'을 한 모든 신자에게 해당합니다.

본문의 주제

지금까지 설명한 말씀에서 크게 3가지 주제를 생각할 수 있습니다.

1) 믿음의 선한 싸움을 싸워야 합니다.
2) 믿음의 선한 싸움을 통해 영생을 취해야 합니다.
3) 믿음의 선한 싸움을 통해 세상과 싸워야 합니다.

본론 - II. 본문의 적용

믿음의 선한 싸움을 싸우라

첫째, 믿음의 선한 싸움을 싸워야 합니다.

하나님께서는 우리를 택하시고(선택) 부르시고(소명) 거듭나게 하시고(중생) 믿음을 주시고 의롭다 칭해(칭의) 주셨습니다(롬 8:30). 이 모든 일들은 전적으로 하나님께서 하시는 일입니다. 우리가 할 수 있는 일은 전혀 없습니다. 선택, 소명, 중생, 믿음, 칭의는 모두 다 하나님께 속한 것입니다. 하나님 편에서 이루어진 일들입니다. 그런데 그 이후 하나님께서는 우리로 하여금 믿음의 선한 싸움을 하게 하셨으니 곧 구원의 투쟁이요, 성화의 싸움이라고 할 수 있습니다. 이 일은 우리 편에서 감당해야 할 일입니다. 물론 하나님께서 함께하셔야 가능하지만, 하나님께서 우리에게 맡기신 사명입니다. 하나님의 부르심을 입은 모든 성도는 항상 믿음의 선한 싸움을 싸워야 합니다. 이 일을 위해 우리 모두 부르심을 받았습니다.

빌립보서 2:12는 이렇게 말씀합니다.

"…항상 복종하여 두렵고 떨림으로 너희 구원을 이루라"

"너희 구원을 이루라"라는 말씀은 우리가 우리 자신을 죄에서 생명으로 옮기는 그런 구원을 하라는 말씀이 아니라, 이미 삼위 하나님의 구속 사역으로 말미암아 죄에서 생명으로 건진 바 된 자들이, 이제는 더 이상 죄에 머물러 있는 것이 아니라 계속해서 구원받은 자답게 살아가라는 뜻입니다. 그래서 "이루라"라는 말은 '성취하다, 도달하다'라는 뜻으로 계속적인 행동을 의미합니다. 구원이 십자가 사역으로 끝난 것이 아니라 우리를 통해서 계속되어야 한다는 것을 보여줍니다.

그러므로 우리는 끊임없이 싸움을 해야 합니다. 우리 안에 있는 것과 싸워야 합니다. 우리의 온몸과 영혼을 주관하는 죄의 권세와 싸워야 합니다. 이 싸움은 우리 안에 있는 죄를 죽이는 것(Mortification of Sin)과 성령 안에서 의와 생명을 향하여 살아나는 것(Vivification of righteousness)으로 나타나야 합니다.

이렇게 믿음의 선한 싸움을 싸우기 위해서는 11절에서 말하는 바가 필요합니다. 의, 경건, 믿음, 사랑, 인내, 온유를 '따라야' 합니다. '열망하고', '노력하며', '간절히 좇아야 합니다'. 그렇게 할 때 비로소 믿음의 선한 싸움을 싸울 수 있습니다.

영생을 취하라

둘째, 믿음의 선한 싸움을 통해 영생을 취해야 합니다.

믿음의 선한 싸움을 하는 목적은 영생입니다. 영원한 생명을 얻기까지 싸워야 하며, 싸움의 목표는 영생이 되어야 합니다. 우리의 싸움은 이 세상에서 우리의 삶을 마감하고 하나님께서 주시는 영원한 생명을 얻을 때까지 계속되어야 합니다. 우리는 이 싸움을 통해 영생을 취해야 합니다.

성경은 분명 "영생을 취하라"고 했습니다. 이 부분에 대해 오해가 없어야 합니다. '영생을 우리가 취하라고? 영생은 하나님께서 주시는 것이 아닌가?'라고 말입니다. 얼핏 보면 그렇게 생각할 수 있습니다. 특히 칼뱅주의 5대 교리에서 말하는 하나님의 무조건적 선택 (Unconditional Election)과 성도의 견인(Perseverance of the Saints) 교리를 오해할 때 그렇게 생각할 수 있습니다. 물론 하나님의 무조건적 선택 교리에 따르면 구원은 우리가 쟁취하는 것이 아니라 하나님께서 무조건적으로 주시는 것이요, 성도의 견인 교리에 따르면 한 번 얻은 구원은 취소될 수 없기에 우리가 굳이 영생을 취할 필요가 없습니다. 그러나 그렇다고 해서 그 교리가 우리로 하여금 가만히 있으라고 가르치는 것은 절대로 아닙니다. 영생은 선물이지만 또한 목표입니다.

세상과 싸우라

셋째, 믿음의 선한 싸움을 통해 세상과 싸워야 합니다.

믿음의 선한 싸움은 기본적으로 신자의 내면에서 이루어지는 것이라고 할 수 있습니다. 각자의 더러운 욕망과 싸우며, 자기 안에 있는 죄와 싸워야 합니다. 성령님께서 주시는 힘을 통해서 거룩한 삶을 살기 위해 부단히 애를 써야 합니다(갈 5:16-18; 웨스트민스터 신앙고백서 제13장 2절).

이 싸움은 자기 내면에서 끝나지 않고 궁극적으로는 세상과의 싸움으로 이어져야 합니다. 우리 자신이 스스로 선한 싸움을 하는 이유는 우리 안의 힘을 길러 외부와 싸우기 위해서입니다. 그러므로 믿음의 선한 싸움을 하는 자들은, 그러한 싸움을 하는 다른 신자와 싸울 것이 아니라 믿음의 선한 싸움을 통해 세상과 싸워야 합니다.

교회는 믿음의 '선한' 싸움을 '세상을 향해' 하는 공동체이지, 믿음의 '더러운' 싸움을 '형제'를 향해 하는 공동체가 아닙니다. 싸움은 세상에 속한 것이지 교회에 속한 것이 아닙니다. 세상은 서로 싸우지만, 교회는 내부에서 힘을 합쳐 세상을 향해 외부와 싸워야 합니다.

본론 – III. 교회 내부가 아닌 외부를 향해

계속해서 이어지는 내용의 연속선상에서 우리가 특별히 생각해야 할 주제는 교회는 내적으로 싸워야 할 공동체가 아니라 외적으로 세상을 향해 싸워야 하는 공동체라는 점입니다.

최근 교계의 현실

최근에 들리는 소문에 의하면 많은 교회가 내부적으로 다투는 일에 상당한 시간을 소모한다고 합니다. 교회 안에 갈등이 가득합니다. 당회 안에서 당회원들 간의 불일치로 싸움을 벌입니다. 목사와 장로, 장로와 장로 간의 다툼이 교회를 어렵게 만들고 있습니다. 목사와 교인들이 서로의 눈치를 보며 기득권을 얻기 위해 서로 힘겨루기를 합니다. 어떤 목사는 교회와 성도들을 그저 자신의 사적 소유물로 여기고 경제적 이익을 취하기 위한 수단으로만 여기고, 어떤 교인들은 목사를 임지와 생활비로 협박합니다. 성도 간에 서로 미워하며 시기하며 심지어 저주하기도 합니다. 성도 간에 불신 법정 앞에 서서 자기들의 시시비비를 가려달라고 하는 실정입니다. 신자가 진정으로 누구를 대상으로 무엇을 위해 싸워야 하는지를 전혀 알지 못하는 어리석음입니다.

교회는 그리스도로 말미암아 구속함을 입은 신자들이 함께 모여서 교회를 바로 세워 세상에 참된 복음을 드러내기 위해 존재하지, 서로 싸우고 분쟁을 일삼기 위해 존재하지 않습니다.

화평을 이루자

아우구스티누스(Augustinus, 354–430년)가 말한 "본질에는 일치를, 비본질에는 관용을, 모든 일에는 사랑을"(*in necessariis unitas, in dubiis libertas, in omnibus caritas*)이라는 격언을 잊지 말아야 합니다. 아니 그보다 더 중요한 모범이요 우리가 믿는 도리의 사도이시며 화평이신 그리스도를 따라 화평을 이루어야 합니다.

성경은 이에 대해 수많은 가르침을 주고 있습니다. 로마서 5:1에 "그러므로 우리가 믿음으로 의롭다 하심을 받았으니 우리 주 예수 그리스도로 말미암아 **하나님과 화평을 누리자**" 에 베소서 2:14에 "**그는 우리의 화평이신지라** 둘로 하나를 만드사 원수 된 것 곧 중간에 막힌 담을 자기 육체로 허시고" 로마서 12:18에 "할 수 있거든 너희로서는 **모든 사람과 더불어 화목하라**" 히브리서 12:14에 "**모든 사람과 더불어 화평함과 거룩함을 따르라** 이것이 없이는 아무도 주를 보지 못하리라" 라고 말씀합니다.

이러한 말씀은 외면한 채 교회 내부적인 다툼만 일삼는 것은 복음을 훼손하는 일입니다. 우리는 내부적으로는 화평을 이루고 외부적으로는 악한 세상과 죄악에 대해서 싸움을 해야 합니다.

참된 싸움꾼인 우리

신자에게 있어서의 삶은 자기 자신과 세상에 대한 투쟁입니다. 그래서 에베소서 6:12는 이렇게 말씀합니다.

"우리의 씨름은 혈과 육을 상대하는 것이 아니요 통치자들과 권세들과 이 어둠의 세상 주관자들과 하늘에 있는 악의 영들을 상대함이라"

우리 모두는 복음의 싸움꾼, 복음의 전사가 되어야 합니다. 세상과 악한 것들을 대항하는 싸움의 전사 말입니다.

싸움의 기초는 십자가입니다. 예수님께서는 십자가에서 믿음의 선한 싸움을 싸우셨습니다. 예수님께서는 여전히 싸우시니 우리를 위해 싸우십니다. 그러므로 우리는 더욱 열심히 싸워야 합니다. 우리의 기도가 싸움이 되어야 합니다. 우리의 찬송이 싸움이 되어야 합니다. 우리의 성화가 싸움이 되어야 합니다. 나아가 세상을 향해 싸워야 합니다.

이렇게 믿음의 선한 싸움을 싸우는 일에 전념하는 사람은 다른 신자와 싸울 겨를이 없습니다. 자기 자신의 싸움을 하느라 다른 이와 싸울 겨를이 없습니다. 세상과 싸움하느라 다른 신자와 싸울 여력이 없습니다.

　더 나아가 우리는 다른 신자와 다툼을 하지 않는 것으로 만족하지 않고 오히려 다툼보다 더 무서운 '무관심'의 관계는 아닌지를 항상 돌아보며 더욱 적극적으로는 "서로 사랑하라" 하신 주님의 새 계명(요 13:34)을 지키기 위해 힘써야 합니다.

결론

성도는 싸움(다툼)을 위해 부르심을 받았습니다. 그 싸움은 신자와 신자 간의 싸움(다툼)이 아니고, 자기 자신의 '선한 싸움'이요 '믿음의 선한 싸움'입니다. 복음을 위한 싸움입니다. 세상을 향한 싸움입니다.

　디모데전서 6:11-12에서 디모데에게 권면한 바울은 디모데후서 4:7-8에서 자신의 달려온 일에 대해 다음과 같이 고백합니다.[4]

　"(7)나는 **선한 싸움**을 싸우고 나의 달려갈 길을 마치고 믿음을 지켰으니 (8)이제 후로는 나를 위하여 의의 면류관이 예비되었으

4　"디모데전서 6:12-14과 디모데후서 4:7-8의 유사성은 우연이라고 볼 수 없습니다." Bounce, 『목회서신』, 732.

므로 주 곧 의로우신 재판장이 그 날에 내게 주실 것이며 내게만
아니라 주의 나타나심을 사모하는 **모든 자**에게도니라"

사도 바울이 한 것처럼 우리도 선한 싸움을 싸웁시다. 사
도 바울이 바라는 것처럼 '모든 자'가 바로 우리가 됩시다.

세상 법정 :
하나님께서 세우신 권세

(롬 13:1-5; 벧전 2:13-14)

✚ 로마서 13:1-5

"(1)각 사람은 위에 있는 권세들에게 복종하라 권세는 하나님으로부터 나지 않음이 없나니 모든 권세는 다 하나님께서 정하신 바라 (2)그러므로 권세를 거스르는 자는 하나님의 명을 거스름이니 거스르는 자들은 심판을 자취하리라 (3)다스리는 자들은 선한 일에 대하여 두려움이 되지 않고 악한 일에 대하여 되나니 네가 권세를 두려워하지 아니하려느냐 선을 행하라 그리하면 그에게 칭찬을 받으리라 (4)그는 하나님의 사역자가 되어 네게 선을 베푸는 자니라 그러나 네가 악을 행하거든 두려워하라 그가 공연히 칼을 가지지 아니하였으니 곧 하나님의 사역자가 되어 악을 행하는 자에게 진노하심을 따라 보응하는 자니라 (5)그러므로 복종하지 아니할 수 없으니 진노 때문에 할 것이 아니라 양심을 따라 할 것이라"

✚ 베드로전서 2:13-14

"(13)인간의 모든 제도를 주를 위하여 순종하되 혹은 위에 있는 왕이나 (14)혹은 그가 악행 하는 자를 징벌하고 선행하는 자를 포상하기 위하여 보낸 총독에게 하라"

서론

지금까지 신자와 신자 간에 다툼이 있을 때 어떻게 해야 할지 배웠습니다. 신자 간의 문제는 세상이 아닌 교회에서 해결해야 합니다. 세상과 교회는 정의와 공의에 있어서 그 가치와 기준이 다르며, 신자는 이 세상의 정의를 따라 살아가는 사람이 아니라 하나님나라의 정의와 공의를 따라 살아가는 사람이기 때문입니다.

신자와 신자가 다툴 때 세상 법정이 아닌 교회 법정에서 문제를 해결하라고 하니, 간혹 오해하는 사람들이 있습니다. 세상 법정의 불필요성을 생각하는 사람들입니다. 신자와 세상 법정은 아예 무관하다고 생각하는 사람들이 있습니다. 심지어 그리스도인은 검사나 판사가 되어서는 안 된다고 오해하기도 합니다.

그러나 그러한 생각은 잘못입니다. 신자 간의 다툼을 교회 법정에서 해결해야 한다고 해서 세상 법정이 불필요한 것은 아닙니다. 신자와 신자 간의 문제를 교회 법정에서 해결하라는 말씀이, 신자는 세상 법정에 절대로 가면 안 된다는 말씀이 아닙니다. 신자에게도 세상 법정은 의미가 있습니다. 아니 세상 법정 역시 매우 중요합니다. 성경은 세상 법정과 권세의 필요성을 말씀합니다. 더 나아가 그들을 세우신 것이 하나님이시라고 말씀합니다.

본론

하나님께서 세우신 세상 재판관

로마서 13:1-5와 베드로전서 2:13-14는 세상 권세에 대해서 언급합니다.

로마서 13:1은 이렇게 말씀합니다.

"…권세는 하나님으로부터 나지 않음이 없나니 모든 권세는 다 하나님께서 정하신 바라"

여기서 권세란 세상을 다스리는 통치자들이며 나아가서 세속정부입니다. 오늘날로 치면 '국가'에 해당합니다. 이처럼 하나님께서는 세상 권세를 허락하셨습니다.

3절은 "다스리는 자들은 선한 일에 대하여 두려움이 되지 않고 악한 일에 대하여 되나니 네가 권세를 두려워하지 아니하려느냐 선을 행하라 그리하면 그에게 칭찬을 받으리라"라고 말씀하는데, 여기에서 말하는 다스리는 자들이란 세속정부의 위정자(爲政者)들입니다. 국가마다 정치체계마다 다르지만 일반적으로 삼권분립을 기반으로 하는 나라의 경우 입법, 행정, 사법을 다루는 기관에 속한 이들이 위정자입니다. 이들의 권세가 하나님으로부터 왔습니다.

2절에서는 이러한 권세를 가진 자들에 대해 어떠한 태도를 가져야 하는지 말씀합니다.

"그러므로 권세를 거스르는 자는 하나님의 명을 거스름이니…"

권세를 거스르지 말아야 한다고 말씀하며, 권세를 거스르는 것은 곧 하나님의 명령을 거스르는 것과 같다고 말씀합니다.

그러므로 행정부에 세우신 위정자에게만 복종하는 것이 아니라 사법부에 세우신 세상 재판관도 중요하며 그들에게 복종해야 합니다.

다음으로 베드로전서 2:13-14의 가르침 역시 마찬가지입니다.

"(13)인간의 모든 제도를 주를 위하여 순종하되 혹은 위에 있는 왕이나 (14)혹은 그가 악행하는 자를 징벌하고 선행하는 자를 포상하기 위하여 보낸 총독에게 하라"

이 말씀에서 "악행하는 자를 징벌하고"는 사법과 행정 기능입니다. 어떤 자의 행위가 악행인지를 판단하는 사법 기능과 악행자를 징벌하는 행정 기능입니다. 하나님은 사법과 행정을 맡은 자들을 하나님께서 세우셨음을 말씀하고 그들에게 순종하라고 말씀합니다.

이처럼 성경은 국가를 비롯한 세속정부가 하나님께서 세우신 것이라고 말씀합니다. 그중에서도 특히 재판을 맡은 자들에 대해서도 말씀합니다.

세상 권세를 세우신 이유

그렇다면 여러분, 하나님께서는 왜 세상 권세를 세우셨고 그들에게 권위를 부여하셨을까요? 특별히 왜 사법을 맡은 자들을 허락하셨습니까?

베드로전서 2:14에 의하면 "악행 하는 자를 징벌"하기 위함입니다. 죄를 지은 사람, 악을 행한 사람을 벌하기 위해서입니다.

만약 이 세상에 악행에 대해 징벌하는 주체가 없다면 무법천지가 될 것입니다. 경찰이 없고 검사와 판사가 없다면 범죄자들은 활개를 칠 것입니다. 이에 대해 하나님은 악행자를 징벌하는 권세를 허락하셨으니 곧 사법과 행정을 맡은 권세자들입니다.

신조의 구체적인 설명

이에 대해서는 웨스트민스터 신앙고백서 제23장 제1절과 벨기에 신앙고백서 제36조에도 잘 나타나 있습니다.

> **웨스트민스터 신앙고백서**
>
> **제23장 국가 위정자(爲政者)에 관하여**
>
> 1. 온 세상의 최고의 주(主)이시며 왕이신 하나님께서는 자신의 영광과 공익을 위해 자기 아래 그리고 백성들 위에 위정자들을 세우셨다. 이를 위하여 그리고 선한 자들을 보호하고 격려하며 악행자들을 벌하기 위하여 그들을 칼의 권세로 무장시키셨다 (벧전 2:13-14; 롬 13:1-4).

웨스트민스터 신앙고백서 제23장 제1절에 의하면 온 세상의 최고 주이시며 왕이신 하나님께서는 위정자들을 세우셨습니다. 그 이유는 선한 자들을 보호하고 격려하며 악행자들을 벌하기 위해서입니다. 그래서 그들에게 칼의 권세를 허락하셨습니다. 즉, 사형까지도 집행할 수 있게 하셨습니다.

이 내용은 베드로전서 2:13-14와 로마서 13:1-4를 근거로 하고 있습니다. 로마서 13:4 "그는 하나님의 사역자가 되어 네게 선을 베푸는 자니라 그러나 네가 악을 행하거든 두려워하라 그가 공연히 칼을 가지지 아니하였으니 곧 하나님의 사역자가 되어 악을 행하는 자에게 진노하심을 따라 보응하는 자니라"에 따르면 세상 권세는 심지어 '칼'(sword)을 가졌는데, 이 말은 사법권을 가졌다는 뜻입니다.

벨기에 신앙고백서

제36조 시민 정부

우리는 인류의 부패 때문에 우리의 은혜로우신 하나님께서 왕과 군주와 공직자들을 세우셨음을 믿습니다.[1] 하나님께서는 사람들의 방탕함이 억제되고, 모든 것이 선한 질서대로 그들 가운데서 행해지게 하기 위해,[2] 세상이 법률과 정책에 따라 다스려지기를 원하십니다.[3] 하나님은 이 목적을 위해서 정부의 손에 칼(무력)

을 두셔서, 악을 행하는 자들을 처벌하시고 선을 행하는 자들을 보호하십니다(롬 13:4). 이것을 억제하고 보호하는 그들의 임무는 공공질서에만 제한된 것이 아니라, *그리스도의 나라가 도래하고, 복음의 말씀이 모든 곳에서 설교되게 하여[4] 하나님께서 당신의 말씀에서 요구하신 대로 모든 사람들에 의해서 영광을 받으시고 예배를 받으시도록 하기 위한 교회와 교회의 사역을 보호하는 것도 포함합니다.

더욱이 신분이나 조건, 지위를 막론하고 모든 사람들은 공직자들의 다스림을 받아야 하고, 세금을 내야하며, 그들을 경의와 존경으로 대해야 하고, 하나님의 말씀에 위배되지 않는 한[5] 모든 일에 있어서 그들에게 순종해야 합니다.[6] 우리는 그들을 위해서 기도하여, 하나님께서 그들의 모든 길을 지도하셔서 우리가 모든 면에 있어서 경건하고 정직하여 조용하고 평화로운 생활을 할 수 있도록 해야 합니다(딤전 2:1, 2).

이런 이유로 우리는 재세례파와 다른 반역하는 사람들과 일반적으로 권세들과 공직자들을 배격하고 공의를 무너뜨리며[7] 이익공동체를 도입하여 하나님께서 사람들 가운데 세우신 질서를 혼란하게 하는 모든 자들을 정죄 합니다.

※ 표시된 부분에는 "모든 우상숭배와 거짓 예배는 제거되어야 하고 금지되어야 하며, 모든 적그리스도의 왕국은 파괴되어야 하며"라는 말이 있었으나, 1905년 네덜란드 개혁교회의 일반 총회에 의해서 삭제되었습니다.

1) 잠 8:15; 단 2:21; 요 19:11; **롬 13:1**   2) 신 1:16; 신 16:19; 삿 21:25; 시 82; 렘 21:12;

22:3; **벧전 2:13, 14**   3) 출 18:20   4) 시 2; **롬 13:4a**; 딤전 2:1-4   5) 행 4:19;

5:29   6) 마 17:27; 22:21; **롬 13:7**; 딛 3:1; 벧전 2:17   7) 벧후 2:10; 유 8

벨기에 신앙고백서 역시 로마서 13장과 베드로전서 2:13-
14에 근거하여 하나님께서 세상 권세를 허락하셨으며, 그 이
유는 질서를 유지하고 악을 벌하시기 위해서라고 말씀합니다.
그들에 대한 순종은 신분이나 조건, 지위를 막론하고 모든 사
람이 해야 한다고 말씀합니다.

세상 권세와 세상 법정의 의의

세속정부는 기본적으로 사회질서를 유지하는 역할을 감당하
는 기관입니다. 세속정부가 없으면 이 세상은 엉망이 될 것입
니다. 온갖 죄악이 난무할 것입니다. 그래서 하나님은 세속정
부를 세우시고 사회질서가 유지되기를 원하셨습니다. 이때 세
상 법정도 허락하셨음을 기억해야 합니다.[1] 세상 법정을 통해
사법적 판단을 내리게 하고, 악행한 자를 징벌케 하십니다.

---

1   칼뱅, 『기독교강요』, 4권 20장 11-12절.

세상 법정에 대한 신자의 태도

이러한 가르침에 근거하여 신자는 세상 법정을 무시할 수 없습니다. 세상법을 무시할 수 없습니다. 신자가 신자 간의 다툼이 있을 때 세상 법정이 아닌 교회 법정으로 가라는 말씀이 세상 법정은 아예 필요 없다는 말씀이 결코 아닙니다.

신자가 때로는 불신자와의 관계에서 세상 법정의 판단을 받아야 할 때가 있으며, 신자가 행한 악한 일로 인해 세상 법정의 판단에 따라 징계를 받을 수도 있습니다. 신자와 신자 간의 문제를 교회 법정에서 해결하라는 말씀이, 신자는 세상 법정에 절대로 가면 안 된다는 말씀이 아닙니다.

신자는 교회법만 아니라 세상법도 지켜야 합니다. 세상법은 상당히 많은 부분에 있어서 하나님의 도덕법에 기초를 두고 있습니다.[2] 그러므로 우리는 세상법이 교회법에 어긋나지 않는다면 지켜야 하고, 또한 세상법에 따라 재판을 받아야 할 때도 있습니다.

신자 간의 문제 역시 그 문제가 국가의 공적인 처벌을 받아야 할 정도라면 교회 법정(당회, 노회, 총회)은 그 문제를 바르게 판결한 뒤에 적절히 조치하여 벌을 받게 해야 할 것입니다. 교회 법정은 교회법에 따른 권징과 함께 더불어 세상의 징계를

2　대한민국 헌법과 법률이 하나님의 영원한 도덕법인 십계명과 어떤 관련이 있는지에 대해서는 손재익, 『십계명, 언약의 10가지 말씀』(서울: 디다스코, 2016)을 참고하십시오.

받게 해야 할 때도 있습니다.

두 나라 시민으로서의 그리스도인

그리스도인은 두 나라 시민입니다. 무엇보다도 하나님나라의 시민권을 가진 자들이요(빌 3:20), 나아가 각각 자기가 속한 국가의 시민입니다.[3] 미국에 사는 그리스도인은 미국의 시민이요, 일본에 사는 그리스도인은 일본의 시민이며, 한국에 사는 그리스도인은 한국의 시민입니다.

그렇기에 그리스도인들은 하나님나라와 그 그림자인 교회의 법을 따라야 하며, 동시에 그 법에 저촉되지 않는 범위 안에서 자기가 속한 나라의 시민으로서 세상법을 따라야 합니다.

그리스도인이 세상 재판관이 될 수 있음

앞서 그리스도인이 세상 재판관이 되어서는 안 된다고 오해하는 분들도 있다고 했습니다. 이 문제에 대하여, 웨스트민스터 신앙고백서 제23장 2절을 봅시다.

---

3   VanDrunen, 『하나님의 두 나라 국민으로 살아가기』, 14-16.

웨스트민스터 신앙고백서

제23장 국가 위정자(爲政者)에 관하여

2. 그리스도인이 공직자로 부름 받을 때, 그것을 맡아 수행하는 것은 합법적이다.[1] 그들은 직무를 수행함에 있어서 그 나라의 건전한 법에 따라 하되, 특별히 경건과 공의와 평화를 유지하여야 하며,[2] 이러한 목적을 이루기 위해서 지금의 신약 시대에도 정당하고 부득이한 경우에 합법적으로 전쟁을 수행할 수 있다.[3]

1) 잠 8:15,16; **롬 13:1, 2, 4**   2) 삼하 23:3; 시 2:10-12; 82:3-4; 딤전 2:2; 벧전 2:13
3) 눅 3:14; 딤후 2:4; 행 10:1-2; 롬 13:4; 계 17:14, 16

웨스트민스터 신앙고백서는 그리스도인이 공직자로 부르심을 받아 그 일을 맡는 것은 합법적이라고 가르칩니다.

그리스도인이 세상 재판관이 될 수 있습니다. 아니 될 수 있는 정도가 아니라 그리스도인이 세상 재판관이 되어서 하나님의 공의와 정의를 드러내기 위해 힘쓴다면 그것은 참으로 마땅한 일입니다. 불신자 재판관이 알지 못하는 더 위대한 하나님의 공의에 기초하여 세상법을 따라 판단한다면, 그 재판은 정의가 물 같이, 공의가 마르지 않는 강 같이 흐르게 될 것입니다.

교회법을 악용하는 자들에 대하여

간혹 '신자 간의 문제를 교회 안에서 해결해야 한다'는 진리를 악용하는 이들이 있습니다. 세상 사람들이 생각하기에도 끔찍한 범죄를 신자에게 쉽게 저지르는 경우가 있습니다. 그렇게 하면서 '세상 법정에 가면 안 된다'는 논리를 대는 이들이 있습니다.

그러한 이들은 교회 법정만 있는 것이 아니라 세상 법정도 있다는 사실을 간과해선 안 될 것입니다. 교회 법정이 내리는 판결의 특성을 악용하여 다른 신자에게 악행을 범해서는 안 될 것입니다. 만약 그러한 자가 있다면, 그는 고린도전서 6:1이 말씀하는 "불의한 자들"보다 더 악한 자일지도 모릅니다. 그는 모든 권세의 으뜸이 되시는 하나님을 두려워하지 않는 자입니다.

결론

신자는 세상 법정을 무시해서는 안 됩니다. 그러면서 교회 법정을 더 두려워할 수 있어야 합니다. 오늘날에는 세상 법정을 두려워하면서 교회 법정을 가볍게 여기는 경우가 흔합니다. 하지만 지금까지의 설명을 통해 도리어 교회 법정도 가볍게, 세상 법정도 가볍게 여기는 일이 없기를 바랍니다.

하나님께서는 세상 법정도 세우셨고, 교회 법정도 세우셨습니다. '모든 진리는 하나님의 진리다'라는 말이 있듯,[4] '모든 공의는 하나님의 공의'입니다. 공의로우신 하나님 앞에 날마다 두려운 마음으로 교회법과 세상법을 지켜, 이 세상에서 참된 신자로서 살아가시기를 바랍니다. 아멘.

"형제들아 내가 우리 주 예수 그리스도의 이름으로 너희를 권하노니 모두가 같은 말을 하고 **너희 가운데 분쟁이 없이** 같은 마음과 같은 뜻으로 온전히 합하라"(고전 1:10)

---

4 Arthur F. Holmes, *All Truth is God's Truth* (Grand Rapids: Eerdmans, 1977), 서원모 옮김, 『모든 진리는 하나님의 진리다』(서울: 크리스챤다이제스트, 1991).

에필로그

: 불의한 자들 앞에서 고발했을 때

세습과 불법

2017년 서울의 한 대형교회가 불법을 저질렀습니다. 아버지 담임목사가 아들 목사에게 담임직을 물려주었습니다. 부자세습입니다.[1] 부자 목사는 주범이요, 교인들은 공범입니다. 표면적으로는 그 교회가 속한 교단법(총회 헌법 정치 제28조 6항)을 어긴 것이며, 궁극적으로는 하나님나라의 의와 공의에서 크게 벗어난 일입니다.[2] 아이러니하게도 그 교단법은 2013년 제

---

1   세습은 그 대상에 따라 다양한 종류가 있습니다. 부자세습, 친족세습, 사제세습 등이 있습니다. 부자세습만 부정적으로 보는 경향이 있는데 사제세습 역시 세습이라는 점을 기억해야 합니다.

2   저는 모든 세습이 잘못되었다고 생각하는 단순한 판단을 하지는 않습니다. 다양한 상황과 형편이 있기 때문에 단순하게 평가해서는 안 됩니다. 게다가 교회 역사에서 세습은 종종 있는 일이었으며, 우리에게 잘 알려진 조나단 에드워즈의 경우 외할아버지 솔로몬 스토다드가 60년간 목회하던 노샘프턴 교회의 후임자였습니다. 그런데 2017년 서울에서 일어난 세습은 분명 불법

98회 총회를 통해 입법되었는데, 그 총회는 그 교회당에서 열렸습니다.

2013년 11월, 아들 목사는 총회가 결의하고 제정한 세습 금지법을 따르는 것이 하나님의 뜻, 하나님의 요구하심이라고 했습니다. 아버지 목사는 은퇴 이후인 2015년 11월 어느 모임에서 '아들에게 교회를 물려주고 싶은 마음은 조금도 없다. 한국교회의 본이 되고, 귀감이 돼야 한다. 총회 헌법을 준수해야 한다'는 취지의 말을 했습니다.[3]

그러나 2017년 정작 그 교회는 아들 목사를 위임목사로 청빙했습니다. 교회가 하나님나라의 원리와 교회법을 따라 다스려져야 하는데 그렇지 못한 것입니다. 대형교회 담임목사직을 아들에게 물려주려는 것도, 그러한 시도에 교인들이 협력하는 것도 하나님나라의 공의가 무엇인지를 알지 못하는 일입니다.[4] 교회답지 않은 교회의 모습에도 부끄러워하지 않는 '성도'의 모습입니다.

교회 법정의 부끄러운 모습

이 문제는 먼저 교회 법정에서 다뤄졌습니다. 2018년 제102

이며 악한 일입니다.

3 https://youtu.be/_ON-4fpfnAE

4 세습은 목사가 밀어붙인다고 되는 것이 아닙니다. 공동의회에서 찬성표를 던진 교인들이 공범입니다.

회기 총회 재판국은 아들 목사 청빙 결의가 유효하다고 판단했지만, 그해 열린 103회 총회는 총회 재판국 결의를 받지 않았습니다. 다음 회기 총회 재판국은 청빙이 무효라고 판결했습니다. 그러면서도 그해(2019년) 열린 104회 총회는 2021년 1월부터 아들 목사의 위임목사직을 허용하는 수습안(?)을 결의합니다. 자신들의 정한 헌법을 스스로 무력화하는 불법을 자행한 것입니다.

여기에서 우리는 다시금 교회 법정을 맡은 목사와 장로를 잘 선출하는 것의 중요성을 깨닫습니다.[5] 하나님께서 그들의 선택을 회중(성도)에게 맡기셨다는 사실 앞에 우리 모두 각성해야 합니다. 우리가 택한 직분자들의 지혜 없음을 한탄해야 합니다. "우리 가운데 형제간의 일을 판단할 만한 지혜 있는 자가 이같이 하나도 없느냐"라고 말입니다(고전 6:5).

세상 법정에서 호소한 결과

교회 법정이 말씀과 하나님의 공의와 교회법을 벗어난 결정을 했을 때, 어떻게 해야 합니까? 지금까지 이 책에서 설명한 내용에 따르면, 몇 차례 더 교회 법정에 호소하거나, 그렇게 되지 않을 때는 하나님께서 명령하시는 대로 "차라리 불의를 당하는 것이 낫고, 차라리 속는 것이 낫"습니다. 그렇지 않고 세

---

5   총회에는 목사와 장로가 동수(同數)로 참여합니다.

상 법정에 고소하는 것은 그 순간 이미 '패배'(허물)입니다(고전 6:7). 세상 법정이 손을 들어준다고 해도 말입니다.

안타깝게도 이러한 말씀의 가르침을 몰랐는지, 혹은 알고도 분을 이기지 못했는지, 몇몇 분들이 이 문제를 세상 법정에 호소했습니다.

2022년 1월 1심 재판부인 서울동부지방법원 민사 14부는 세습금지법을 어겼기 때문에 교회 대표자 자격이 없다고 판결했습니다. 하지만 2022년 10월 2심 재판부인 서울고등법원 민사 16부는 그 교회가 속한 104회 총회가 조건부로 세습을 허용해 주는 수습안을 결의했으며, 아버지 목사가 2015년 12월에 은퇴했고, 아들 목사는 5년이 지난 2021년 1월에 취임했기 때문에 후임이 결정된 시점은 아버지 목사의 영향력이 미치지 못했을 때라는 등의 이유를 들며 '1심 판결을 취소하고 원고의 청구를 기각한다'고 선고했습니다. 2023년 2월 23일 최종심인 대한민국 대법원은 고등법원의 원심판결을 확정했습니다.

차라리 불의를 당하고 속기보다는, 어떻게든 공의를 드러내고자 했던 분들의 결과는 자신들의 생각과는 다르게 나타났습니다. 하나님나라와 교회, 말씀과 성례를 맡은 직분의 가치와 그 직분을 청빙하는 원리, 교회법에 담긴 공의를 이해하지 못하는 세상 법정의 판단과 결과는 어쩌면 예견된 것이었습니다.

하나님의 뜻대로 살다 보면 억울한 일을 경험합니다. 아무리 억울해도 교회의 일은 교회가 판단케 해야 합니다. 구태여 불의한 자들 앞에 고소할 일이 아닙니다(고전 6:1). 신자의 일을 세상에 묻는다고 공의가 드러나는 것이 결코 아닙니다. 때로는 지는 것이 이기는 것입니다(고전 6:7).

교회를 개혁하고자 하는 마음은 칭송받아 마땅하지만, 교회개혁은 철저히 하나님의 말씀에 따라야 합니다. 목적이 수단을 정당화하지 못합니다. 신자에게 정의란 무조건 자신의 옳음을 증명해야 하는 것이 아닙니다. 억울하지만, 최종적으로는 주님의 공의에 모든 것을 맡겨야 할 때도 있습니다.

인간적인 마음에 세상 법정에까지 가신 분의 손을 들어주고 싶지만, 하나님의 말씀으로 볼 때 세상 법정에까지 가신 분은 세습한 두 목사만큼이나 큰 죄를 범했습니다. 아니 더 큰 죄입니다. 부자세습은 성경에 명시적으로 금하지 않았지만, 세상 법정으로 가는 일은 성경에서 명시적으로 금한 일이기 때문입니다.[6]

6　성경에 명시적으로 금하지 않았다고 해서 잘한 일이라는 말은 결코 아닙니다. 여기에서 언급한 교회에서 일어난 부자세습은 분명 큰 죄입니다. 그럼에도 우리는 성경에서 명시적으로 말한 것을 어긴 것과 성경에서 추론하거나 해석한 어떤 점을 어긴 것 중 무엇이 더 큰 죄냐고 할 때 당연히 명시적으로 말한 것을 어긴 것이 큰 죄라고 답해야 합니다.

"차라리 불의를 당하는 것이 낫지 아니하며 차라리 속는 것이 낫지 아니하냐?"(고전 6:7)

"구태여 불의한 자들 앞에서 고발하고 성도 앞에서 하지 아니하느냐? 성도가 세상을 판단할 것을 너희가 알지 못하느냐?"(고전 6:1-2)

위 말씀의 의미를 깨닫게 되는 일이 이 책의 출판을 앞두고 원고를 마지막으로 정리하면서 일어났습니다. 차라리 세상 법정에 호소하지 않았다면 더 좋았을 것을 하는 마음이 듭니다. 이제는 불법적이고 악한 일에 명분(?)을 더해주어 더 이상 그러한 일이 발생하는 것을 막을 수 없는 결과를 맺었기 때문입니다. 차라리 불의를 당하고 차라리 속았다면, 그나마 하나님의 공의를 더 세울 기회가 있었을 것을 말이죠.

예배당 쟁탈과 법정 소송 문제

저는 이 책의 시작을 교회사 이야기로 출발했습니다. 이제 이 책의 끝을 또 하나의 교회사 이야기로 맺으려 합니다.

1950년대 초, 한국교회에는 '예배당 확보를 위한 법정 소송 문제'가 이슈화된 바 있습니다. 당시는 대한예수교장로회 총회 측과 대한예수교장로회 고신 측의 분열이 있던 때입니다. 총회의 분열은 각 교회에서도 문제가 되었습니다. 몇몇 교회에선 총회 측을 지지하는 교인과 고신 측을 지지하는 교인으로 대립했습니다. 결국 교회가 분열되어야 하는데, 이때 교회의 가장 큰 재산인 예배당을 누가 소유할 것인가 하는 문제가 대두되었습니다.

1951년 당시 부산 초량교회를 담임하던 한상동 목사는 대다수 교인의 지지를 받으며 고신 측에 속하려 했습니다. 반면 당회원 중 유력한 인사인 양성봉 장로(당시 경상남도지사)는 총회 측에 속했습니다. 이에 대해 한상동 목사는 예배당 쟁탈전이 하나님의 영광을 크게 훼손하리라 생각하고서 초량교회를 떠났습니다. 재산을 잃더라도 성도들에게 상처를 주거나 하나님께 영광을 돌리지 못하는 일은 하지 않으려 했습니다. 진정한 승자의 길을 걸었습니다(고전 6:7). 그렇게 해서 설립된 교회가 부산 삼일교회입니다. 제가 강도사로 시무했던 교회입니다(2009-2010년). 이렇게 이 주제는 묘하게도 저의 예전 시무지들의 역사와 연결되어 있습니다.

반면 다른 몇몇 교회에서는 예배당 쟁탈전이 있었습니다. 법정 소송 문제로 비화되었습니다. 이로 인해 하나님의 영광이 가려지고, 교인들이 이탈하기도 했으며, 세상 사람들의 빈축을 사게 되어 전도의 문이 막혔습니다. 그 가운데 뜻있는 교인들은 모든 것을 포기하고 새롭게 교회를 개척하기도 했습니다. 이런 일들이 진행되는 중에 고려신학교 교장이었던 박윤선 교수는 교회 건물 문제로 소송하는 것을 반대했습니다. 1957년 박 교수는 「파수군」이라는 잡지에 실은 '우리의 갈 길'이라는 글을 통해 '진리를 위해 선한 싸움을 싸우는 우리가 예배당을 안 내어 주겠다고 소송까지 하는 것은 신덕(信德)을 잃으며 성경 고린도전서 6:1-7을 어긴 것이라 하고, 하나님께 영광이 되지 못한다'고 했습니다. 박 교수는 '성경 말씀대로 차라리 불의를 당하는 것이 낫다'고 했습니다. 비록 모든 재산을 양도(讓渡)하더라도 말씀을 지키는 것이 신자의 도리라고 이해했습니다.[7]

하지만, 이 문제는 현실과 인간의 욕심 문제 때문에 개 교회 안에서 계속 일어났고, 결국 교회는 오랜 침체기를 맞게 됩니다. 장기간 계속된 소송 문제는 실상 아무런 소득을 얻지 못하게 됩니다. "차라리 불의를 당하는 것이 낫지 아니하며 차라리 속는 것이 낫지 아니하냐?"(고전 6:7)는 성경의 교훈을 교회 현실에서 배우게 됩니다.[8]

---

7   박윤선은 '계시 의존적 사색'이라는 표현으로 우리에게 잘 알려져 있습니다. 이 에필로그에 언급된 세습 문제를 세상 법정에 소송한 일에 대해서도 인간적인 관점이 아니라 계시 의존적으로 생각해야 합니다.

8   이와 관련한 자세한 논의로는 다음을 보십시오. 許淳吉, 『韓國長老教會史』, 415-425; 신재철, "예배당 확보와 관련한 법정 소송 문제," 『대한예수교장로회 고신총회 70년사』(서울: 총회출판국, 2022), 365-369. 서영일, 『박윤선의 개혁신학 연구』, 장동민 옮김 (서울: 한국기독교역사연구소, 2000), 270-276; 신재철, "불신 법정 송사 문제에 대한 고신 초기 지도자들의 제 견해와 파장", 『진리와 학문의 세계』, 제20권 (경산: 달구벌기독학술연구회, 2009), 155-178.

성경과 교회사의 교훈을 곱씹으며

마무리하면서, 신자가 '성도'의 문제, 교회 문제를 세상 법정에 송사하는 것이 옳은가? 이 질문에 대한 성경과 교회사의 교훈을 곱씹습니다.[9] 세상과 비교할 수 없는 더 높은 차원의 존재가 '성도'이거늘, "내가 너희를 부끄럽게 하려 하여 이 말을 하노니 너희 가운데 그 형제간의 일을 판단할 만한 지혜 있는 자가 이같이 하나도 없느냐?"(고전 6:5)라고 바울과 더불어 한탄합니다.

그러면서 세상이 감당치 못하는 지혜와 믿음을 가진(히 11:38) 성도와 교회로 가득한 하나님나라를 꿈꿉니다. 성도가 세상과 천사를 판단할 재림의 때를 기다립니다(고전 6:2-3).

---

9 '곱씹다'는 표현은 시편 1:2의 "묵상하다"라는 뜻입니다.

분쟁하는 성도, 화평케 하는 복음

초판 발행 2023년 9월 15일

지은이 손재익
펴낸이 박지나
펴낸곳 지우
출판등록 2021년 6월 10일 제399-2021-000036호
이메일 jiwoopublisher@gmail.com
인스타그램 instagram.com/jiwoopub
페이스북 facebook.com/jiwoopub

ISBN 979-11-977440-7-5   03230

지우
겸손하고 선한 그리스도인들을 위한
좋은 책을 만듭니다.